终极求职系列

终极求职指南

定位理想工作的
一站式求职指南

[英] 琳恩·威廉斯（Lynn Willams） 著
夏颖 译

中信出版集团 | 北京

图书在版编目（CIP）数据

终极求职指南：定位理想工作的一站式求职指南 /（英）琳恩·威廉斯著；夏颖译．-- 北京：中信出版社，2020.6

（终极求职系列）

书名原文：Ultimate Job Search: Master the Art of Finding Your Ideal Job, Getting an Interview and Networking

ISBN 978-7-5217-1630-6

Ⅰ．①终… Ⅱ．①琳… ②夏… Ⅲ．①职业选择－指南 Ⅳ．① C913.2-62

中国版本图书馆 CIP 数据核字（2020）第 032903 号

终极求职指南——定位理想工作的一站式求职指南
（终极求职系列）

著　　者：［英］琳恩·威廉斯
译　　者：夏　颖
出版发行：中信出版集团股份有限公司
（北京市朝阳区惠新东街甲 4 号富盛大厦 2 座　邮编　100029）
承 印 者：北京通州皇家印刷厂

开　　本：880mm×1230mm　1/32　　印　　张：11　　字　　数：155 千字
版　　次：2020 年 6 月第 1 版　　印　　次：2020 年 6 月第 1 次印刷
京权图字：01-2020-0757　　广告经营许可证：京朝工商广字第 8087 号
书　　号：ISBN 978-7-5217-1630-6
定　　价：55.00 元

目　录

第4章 雇主最看重员工的7种品质

第5章 拟写简历

第6章 简历中常见的15大问题

第7章 4类需要在简历上多下功夫的求职者

第8章 具体岗位简历撰写要点

第9章 工作申请表

第10章 求职信

第11章 电话求职

第12章 求 职

第13章 在线求职

第14章 求职策略

第17章 针对不同岗位的面试问题

第18章 针对毕业生的面试问题

第19章 其他面试问题

第20章　拿到入职通知或面试被拒后怎么办

引　言

换工作可谓人生中让人备感压力的一件事。很少有人会一直从事毕业后的第一份工作，因此换工作是大多数人不得不面对的问题。经济有起有落，如何充分利用每次换工作的机会获得一份心仪的工作呢？

工作占据了人一生中大约1/3的时间，谁愿意一生1/3的时间都和自己不喜欢的事情打交道呢？毕竟这样既没有成就感又令人感到不快。尽管对工作的不满影响了个人生活的方方面面，甚至连累到配偶和孩子，大多数人都不愿意换工作，尤其不愿意换一份与之前职业大相径庭的工作。

本书能够帮助你拿到心仪工作的入职通知。本书注重的不是专业的工作技能或培训（这些你大都可以从技校或参加一些职业培训课程中获得），而是教授一些求职技能和缓解求职压力的技巧，让你能在找工作的过程中顺风顺水。

无论经济景气与否，找工作都非常困难。即便在经济繁荣、失业率低、人才短缺的情况下，找工作也十分不易。找一份工作平均要花上大约三个月的时间。在经济低迷时，你更要保持清醒的头脑，保持乐观、积极和自信的状态。

人的一生中，找工作的机会只有几次。与真正工作的时间相比，你如果在求职时多投入一些时间和精力，日后就会有成倍的回报。研究表明，那些了解找工作的重要性并且善于找工作的人，在未来的职业生涯中会更有成就感，其薪资也会更加优渥。在找工作时多投入一些精力，不仅会提升你的成就感，而且能给你带来额外的经济收入。

然而，由于人们不常换工作，所以在该领域的大多数人往往经验不足。没有人一出生就知道如何写简历或如何在面试中给面试官留下好印象。本书是为正在换工作或者考虑换工作的人量身打造的，它将为初入职场、希望换一份更好的工作和因被解雇而换工作的人群提供许多实用的建议。本书也解答了如何找到一份心仪工作的最基本问题：怎么开始？需要浏览哪些信息？首先要做什么？

你还能够了解以下方面：

- 准确定位工作需求。
- 拟写一份亮眼的简历和求职信。
- 不必撒谎或隐瞒，轻松应对简历的相关问题。
- 拟写一份能帮你加分的求职申请。
- 发现并利用最适合你的求职技巧。
- 充分利用网络资源。
- 关于能力倾向和心理测试。
- 在面试时给面试官留下良好的印象。如：回答面试问题，尤其是一些刁钻的问题；充分理解面试官的问题及意图；在面试前设想面试官可能会问的问题，并根据自己的实际情况进行准备。

- 协商薪资等。
- 应对求职被拒。

本书在部分章节末引用了专家点评，这些话是他们的真实感受以及给求职者的建议。你如果采纳了这些建议，就能在申请工作时胸有成竹，还能够获得自己梦寐以求的工作。

第1章

头等要事

申请工作似乎让人望而生畏，但求职过程可以被细分为以下几个简单的步骤。如果想制作一份能够打动面试官的优质简历，你应当做到下列几点：

- 明确你所申请的工作需要哪些技术、品质和能力。
- 将岗位所需的技术、品质和能力与你自身的实际情况做比较。
- 准备一些例子，比如何时何地做了某事来具体说明你具备这些素质。
- 能够清晰地写出和自信地说出你具备的技术、品质和能力。
- 通过你的个人陈述、外部形象和行为举止展示你的工作素质。

无论你是在为长期的职业生涯做规划，还是在寻找人生中的第一份工作；无论你申请的是招聘广告上刊登的工作，还是通过自己的人际网络谋求一份工作，这些流程大同小异。你从制作简历到面试都是为了说服雇主自己能够胜任这份工作。如果你遵循上述步骤，那么面试官一定很快认识到你对工作的要求十分明确而且你具备相应的技能、品质和经验。

完成上述步骤需要你大量的思考、周全的规划和准备工作，这样做大有裨益。充足的准备能够给你信心，让你舒缓焦虑，还能让你在面试中保持镇静、信心满满。求职的准备工作包括以下几个方面。

明确工作所需的技术、品质和能力

了解公司工作要求的方式有很多，你对这些要求越熟悉越好。在申请工作时，你了解的信息越多，对你越有利。你可以通过以下渠道获得所需的信息：

- 招聘广告。
- 任职要求和工作说明。
- 自身的知识储备和经验。
- 他人的知识储备和经验。

招聘广告

一则好的招聘广告会罗列求职者所需的技能、资历和经验的相关信息。你可以在网站或报刊上浏览心仪工作的招聘启事。仔细研究这些招聘广告，你就能对工作的常规要求以及工作所需的技能和经验有更加清晰的认识。你可能也会注意到一些招聘启事的特殊要求，这时候你可以看看自己是否具有岗位所需的特长和经验。你应当尽可能多地浏览一些招聘广告，因为你还没到申请工作阶段，所以不需要考虑一些实际问题。下面是一些查找招聘信息的小技巧：

- 在网上搜索时以全国作为搜索范围，而不要局限于当地。
- 如果在网站上能够看到公司之前的招聘信息，那么你也可以将其作为参考。

- 留意公司网页“招聘”一栏。
- 浏览求职和招聘网站。

你要关注招聘信息中的以下要求：

- 具体的技能。
- 资历和培训。
- 个人品质或品格。
- 知识领域。
- 对某一领域的经验要求。
- 工作职责。
- 各方面的能力。

将重要的工作要求列一个清单，再增加一些其他的要点。例如：如果广告中提及公司配车，你就需要有驾驶执照而且没有不良驾驶记录。

如果之后有其他重要的信息，那么你可以再补充进去。在招聘广告中反复出现的要求前做标记（例如雇主普遍看重的一些品质），这样一来，你就能清晰、全面地掌握心仪工作的相关要求。

任职要求和工作说明

任职要求实质上是一份清单，列举了工作所需的技能、经验和资历等等。它比招聘广告更翔实，实质上招聘广告通常也是基于任职要求撰写的。各大公司的任职要求相近，有些术语通常能互相替换。工作说明则更多地包含了具体的职责。

你可以向公司索要任职要求和工作说明，或者浏览招聘网站和公司网站以获得相关信息。

在看招聘广告时，你需要先大致浏览一遍，整理出一些关键的要求，以进一步了解工作要求。

自身的知识储备和经验

如果你想换的工作与你正在从事的工作性质类似，那么你对其职责和所需技能就会有充分的了解。在这种情况下，你可以利用自身的经验，回想自己做过的工作，包括每日的工作任务、面临的挑战和学到的东西。你可以将之前学到的技能写下来，并根据自身的技能写一份工作说明。

他人的知识储备和经验

如果这份工作是你以前从未接触过的——你的第一份工作或你打算换的一个新的职业，那么你可以请教那些做过类似工作的人，他们有相关的知识储备和经验，可以给你提供很多的信息，包括他们对这份工作的看法。

只要有时间，大多数人应该都不会介意你向他们询问这些事宜，反而他们会觉得这样很有面子，尤其是你很明确地表示，你只是向他们询问信息和经验而不是走后门。

通过上述方式，你就能够清晰全面地了解雇主的要求以及他们心中理想的员工是怎么样的。下一步你要做的就是如何尽可能地达到这些要求。

将所需技术、品质和能力与自身实际情况做比较

你要列出做好本职工作所需一切品质的完整清单，如技能、资历和素质，再思考自己具备哪些技能和经验以及如何获得有价值品质的经历：

- 你目前的工作。
- 你过去的工作。
- 你的无薪职位，如工作经验、志愿工作、社区工作和运动队。
- 你的爱好和兴趣，如旅行。
- 你的个人生活。

列出自己具备的技能、资历和经验之后，你要将它们与工作职责进行对照。

如果自己不具备某些技术和能力，怎么办

尽管在工作场所中获得的技能十分有价值，但你在其他场合获得的相关技能也应该被写进简历。

你如果不具备所需的技能，那么是否具备其他相似的技能？你的资历或接受过的培训也许和公司要求相符，如果你的学术背景较弱，那么你可以在简历中突出自己的经历；如果你有另一个不同领域的相关经历，那么你可以记录下两者的相似之处。

你能够通过培训弥补缺失的技能吗？你愿意花时间自费学习新技能吗？或者你目前所在的职位是否提供了相应的培训？你愿意承担额外的工作责任而得到相关的经验吗？

如果自己具备的技能或经验与岗位不相关，怎么办

你能否换一种说法让你所具备的技能或经验变得与公司要求的相关？如何让这些技能或经验在你所申请的工作中发挥作用？在将它们从你的简历中删去前请务必仔细考虑，也许这些能够成为你的“额外加分项”，让雇主眼前一亮。同时，你要避免在简历上写过多不太相关的经历和技能，这样只会让简历的主题不突出。

准备一些例子来具体说明你具备某些素质

在查看你之前列下的技能的同时，你要写下你使用每项技能的场合。

将这些内容写下很重要，如果只是空想着对自己说“我做过这个”“我可以做那个”，那么你很容易忽略一些细节。而在简历和面试中，你需要展现的往往是你具备这些能力的证据，例如：你展示所需技能的次数，这是你申请职位的基础。

你要确保你在每项工作要求中都能至少举出一个拿得出手的例子，具体内容请参阅第15章。

能够清晰地写出和自信地说出你具备的技术、品质和能力

在简历中展示自己的技能

通过分析招聘广告和公司简介，你已经充分了解到雇主的需求。因此，在写简历的过程中，你应该懂得哪些信息重要（可以突出），哪些信息次要（可以略写），这样雇主只需要看一眼你的简历便知道你适合什么职位，因为你对自己已经研究得十分透彻了。

- 你要知道哪些该写进简历，哪些该舍去。你要将所有相关的工作技能和资历写入简历，突出这些相关技能，让雇主看到聘用你的价值，而不要写一些无关紧要的内容。
- 你要知道关注哪些领域的经验。你要着重描写过往工作经历中与求职工作所需品质和经验相关的经历。
- 你要知道哪些细节是重要的。如果心仪的工作需要良好的沟通能力，那么你可以将之前工作中能够反映出你的这一品质的职责写进简历，例如接见客户、答疑等等。
- 你要知道哪些培训是重要的。你要将重点放在培养所需专业技能的理论学习或在职培训上。

本书后续章节会详细介绍如何写一份让人眼前一亮的简历。

在简历中加入具体例子

面试时，面试官已将关注的重点罗列在招聘广告以及工作简介中了，并将根据这些要求提出问题。你应当提前做好准备：在何时何地做了哪些事情表明你具备什么能力，每一项都需要有对应的例子。

例如，如果招聘广告上写道“需具备较强的抗压能力”，那么面试官肯定会问你排解工作压力的方式。面对这个问题，最好的回答不是简单地说“我相信我能处理好”或者“我认为我具备抗压能力”，而是举一个真实的案例——你之前遇到过什么困难，你是通过什么方式解决的。比如你可以说之前老板要求你在很短的时间内交货，再补充一些细节：你沉着冷静地应对，按照任务的轻重缓急有条不紊地处理订单，顺利在截止日期前完成了任务，并且获得了更多的订单。你可以反复润色这些例子并加以练习，直到能够自信地说出它们为止。

本书后续章节会详细介绍面试及其技巧。

通过个人陈述、外部形象和行为举止展示个人具备的工作素质

无论是写简历、打电话、发电子邮件还是面试或写求职信，都是在向潜在雇主展示自己的素质，而雇主看重员工的以下几点素质：

- 专业。以最高标准要求自己，确保所有材料，包括简历、求职申请表、求职信都干净整洁，没有任何低级错误。
- 热情。对申请的岗位以及企业展现出极大的热情。

- 自信。对自己充满信心，相信自己的能力。如果你都不认为自己能做好这份工作，那么雇主凭什么相信你呢？
- 精力充沛。能够积极主动、迎难而上；能够及时回电，跟进相关事宜；随时保持乐观和“我可以”的态度；能够安排会议、演示和面试；能够培养自己积极主动的态度。

在第2章中，我们将详细介绍如何成为最受欢迎的雇员并脱颖而出。在余下章节中，我们还将详细介绍求职技巧：如何写简历、如何充分利用求职信、如何准备面试、如何应对心理测试等，以确保你在面对雇主时胸有成竹、沉着冷静，从而拿到心仪工作的入职通知。

第2章

最受欢迎的雇员

什么类型的求职者能够脱颖而出

现在，雇主越来越重视求职者实际的工作能力与简历上所写的保持一致。他们希望看到求职者具备“就业能力”。就业能力与你的资历、技能或经验不同，而是取决于你的态度、行为和个人素质。具备高度就业能力的求职者能够向雇主证明他们是可靠且值得信赖的合作伙伴，能够为他们所在的企业全力以赴。

现在面试官问的问题通常不是“你能不能胜任”而是“你能不能完成工作”。

雇主看中哪些品质

雇主希望所有的员工，上至董事会下至普通职员都能够做到以下方面：

- 为企业做贡献。愿意多付出、为企业出一份力。
- 与企业文化契合。认同集团的目标和价值观，关心企业关切的事情。
- 积极主动。无论单独行动还是团队合作，都能精力充沛、干劲十足和心怀抱负。

- 参与其中。愿意承担责任，能够主动了解客户、解决问题和把握机会。

这些品质是企业成功的关键，为了让企业发展壮大，每一位职员都应尽职尽责。

为什么这些品质如此重要？因为所有人都朝着同一个方向努力的企业比人们向不同方向努力或不努力的企业发展得更快、更容易。同时，员工认同企业的价值观非常重要。例如，当企业上下都认为客服十分重要并将这一价值观灌输到各个岗位时，它们比那些只会说空话的企业更容易成功。

像苹果一样成功的公司寥寥无几。已故的苹果首席执行官史蒂夫·乔布斯曾经说过："要和能力、智商高的人合作，但更要和与你志同道合的人共事。"越来越多的雇主将之奉作招聘之本。面试官希望看到求职者对他们企业文化的热爱。企业能够训练员工完成指定的任务，但它们无法训练的是员工对工作的热情、积极的态度以及创造力。

你要以以下方式来看待现状：世界日新月异，真正适合你的工作和技术也许还没出现，你提供的服务暂时还不被需要，未来企业的员工分级制度可能是目前难以想象的。

也就是说，你现在几乎不可能具备那些还没出现的工作技能，在你今后的职业生涯中至少需要接受一次培训来学习新的技能。所幸技能是可以教授的，员工也是可以培训的。

然而，不变的是企业对员工的需求：每个员工都能够积极地参与培训，接纳全新的工作方式，主动为企业做出贡献以及了解企业的文化和发展动态，为企业发展提供支持。雇用这类员工能让公司充满活力、发展迅速和灵活多变，并且能够很好地适应变化。

职业素养

企业如何确保新员工能够适应公司、为公司做贡献、全身心地参与其中并保持对工作的积极性？雇主在招聘时会注重那些能够转化为工作能力的个人品质。

人缘好：热情、友善、和蔼可亲、善于合作、情商高

具备好人缘即拥有良好的人际关系十分重要。所有工作基本上都是以顾客或客户为中心的。对外，有公众；对内，有其他部门的同事。因此糟糕的客户关系对任何公司而言都是灾难。此外，现在大多数的工作都需要团队合作而不鼓励单兵作战，如果一个团队不能协同工作，那么后果将不堪设想。

友善、乐于助人和善于合作交际的员工会为团队、部门和公司的运营做出巨大的贡献。

才智：充满好奇，具备一定的常识和务实精神

相信自己有才华的人对他们的工作充满信心，能够准确分析情况，做出明智的选择，有能力做出决定并采取适当的行动。

这里所说的才智并非要求你绝顶聪明，而是要求你具备运用常识解决问题的能力并在机会来临时能把握机会，而不是采取“不知

道、不关心”的态度。愿意学习和运用所学知识，采取新的手段来解决问题，这就意味着你需要对工作保持积极乐观的态度，全身心地参与其中，努力为公司做贡献。

能力：负责、主动、可靠、可依赖

有能力的员工具有很强的责任心，他们完全值得托付，能够尽其所能完成工作。

这种品质的重要性不言而喻，但重要的不仅是员工具备提供这种服务的技能，他们的态度和决心同样重要。

正直：诚实、开放、谨慎、言行一致

一个成功的公司离不开“信任”二字。如果一个公司的员工相互不信任，团队就不能茁壮成长；若管理人员一直查岗，部门就不能良好运作。同样，公司也需要公众和客户们的信任。过去几年发生的事件表明，企业只要有一丝不诚信，便会立刻流失大量的客户。因此，公司需要招聘作风正派的员工以留住客户。

积极向上：精力充沛、积极主动、自信

乐观开朗的员工不仅能让公司变得更有趣、更欢乐，而且也具有更好的工作表现，能将激情和热情带到工作中。他们希望能够取得好的成果，也愿意为此加倍努力，在遇到困难时更能够坚持。此外，这种积极的态度是具有感染力的，积极的人能够激励他人。这一品质极具价值，因为积极向上的氛围能激发创造力和新思想，这是企业蓬勃发展的必要条件。

适应能力：灵活多变，具备成长和改变的能力

工作发生变动很正常，因此企业希望员工能想办法适应工作变动而不是抱怨其毫无意义。

随着技术、经营方式、市场、经济和社会的不断变化，企业需要招聘到能够灵活转变工作重心、适应新方法、承担新责任、找到解决问题方法并积极应对环境变化的人。

适应能力强的员工能主动适应新环境，这样有助于企业成功。他们不仅能够灵活处理团队中的日常工作，还能在应对重大危机时精力充沛、镇定自若。

美国一所大学最近的一项调查显示，90%的雇主将以上素质评为“重要”或“非常重要”。相比之下，只有25%的雇主认为学历证书更重要。而英国董事学会的一项调查发现，88%的雇主认为这些个人品质与学术品质一样重要或更重要。

因此，你要充分利用每个机会证明你具备岗位所需的个人品质，做好充分的研究，查明公司需要哪类人才。如果公司网站上每个段落都提到客户服务，那么这是一个非常重要的线索。一流客户服务最需要的技能和个人素质是什么？确保你在简历中写明这些品质。如何在面试中证明你是会让客户喜欢和依赖的人？你只需要首先成为能让面试官喜欢和信任的人。

本书剩余章节的内容能够帮助你在简历和面试中清晰地呈现所有相关技能和经验，并介绍每一个让你展示这些个人品质、态度和行为的机会，让你成为雇主渴求、同事乐于共事、就业能力强的求职者。

第3章

着手准备

简历、求职申请表和求职信是你与雇主的第一次接触机会。如果没能给雇主留下一个良好的印象，那么这可能成为你与雇主接触的最后一次机会，所以你必须每次都做到尽善尽美。

前面已经介绍了申请工作时你需要做的工作（见第2页），如何运用这些信息帮助你写一份亮眼的简历或让工作申请表引人注目呢？你可以从目前所具备的工作技能以及在其他工作中获得的相关技能入手。

你的工作职责是什么？怎样让你所做的工作在潜在雇主面前一目了然呢？

首先，你要列出你过往工作涉及所有任务的清单，仔细浏览每一项，列出你在完成任务时使用过的技术、知识和能力，在合适的地方加上你的资历、培训及成绩。

你要将其视作一次彻底的热身，虽然只有与工作相关的部分才被写入简历或者在面试中得到讨论，但回想你之前做了哪些事情以及应用了哪些工作技能往往会让你发现一些意想不到的东西。更重要的是，当你将自己的工作技能与招聘要求相对照时，你的可选择余地就大了，你会因此受益无穷（见表3–1）。

表 3–1　主要任务：准备信件

具备的技术	打字，熟练运用Word（微软一款文字处理器应用程序）文档
具备的能力	有速度和准确性
具备的知识	表达流畅，会群发邮件并利用数据库
接受过的培训	信息技术培训
取得的结果和成就	向200名赞助商发了广告邮件

你工作时做的每一项任务都可以这样写下来。你如果认为自己没做什么工作或没什么可写的，那么可以思考下面几个要点。

主要任务

在回想此前做过的主要任务时，你需要综合考虑你在工作中处理的所有事项，包括：

- 人，如顾客和客户、同事、主管、下属。
- 资金和财务程序。
- 产品或商品。
- 技术流程。
- 程序。
- 观点。
- 事实和数据。
- 信函。
- 法律要求。

技术、能力和经验

回想你完成每项任务所运用、培养的技术和能力，以及所学到的知识。通过培训和经历，你获得了哪些特定技能？

- 习得技能，包括专业技能、沟通技巧、计算机技能。
- 天赋，包括人际交往能力、创意能力、解决和分析问题的能力。
- 知识和经验，包括熟悉工作流程和行业知识，在具体情况下处理事务的经验。

资历和培训

你要考虑与所申请工作相关的所有资历和培训，不仅考虑学历，还要考虑你接受过的所有职业培训、短期课程、夜校教育、研讨会学习、远程和函授课程以及先前获得的资格认证。

凡是有助于提高你的技术、知识和能力的课程你都可以写入简历。如果第三方机构认定你具备做某事的能力，那么你也可以将其列入简历。

成果与成就

你要回想你在每项任务中取得的工作结果以及成就，思考你对企业做出的贡献，包括以下方面：

- 提升的领域，如利润、营业额、销量、效率、消费者满意度、市场机会。
- 降低的领域，如员工流动率、风险、投诉或退货、所用时间、问题、成本、浪费。
- 改进的领域，如竞争优势、外观或适销性、组织工作、信息流、员工表现、团队合作、内部或外部关系。

你可以罗列出曾经获得的个人或集体的奖项和表彰，以及你在企业中得到的晋升情况。

可以写进简历的不仅仅是你的岗位任务和责任。如果你没有或者只有很少的工作经验（这是你申请的第一份工作），或者如果你想换一个职业或重返职场，那么你都可以充分利用自己在其他领域所取得的经验，例如在志愿工作、学习、旅行、家庭管理、团队运动、爱好或兴趣等方面的经验。

同样，你可以对自己承担的主要责任做一下评估，从而发现自身的宝贵技能和经验。

可迁移技能

在列能力清单时，你可能会注意到某项技能反复出现，例如沟通技能、计算机技能以及计划、决策和解决问题的技能。这些通常被称作“可迁移技能”，因为你可以在不同种类的任务中使用。

你如果具备这些可迁移技能，那么可以根据自己所申请的各种工作需求，重新组织语言并写入简历。如果你是第一次申请工作，或者你正在考虑转变职业，或者当你过往的工作经验与所申请的工作完全不相关时，那么这些可迁移技能尤为重要。本书第7章“4类需要在简历上多下功夫的求职者”会详细介绍如何挖掘自身经验来寻找可迁移技能。

根据自身需求详写或略写可迁移技能，你要考虑到所申请工作的要求以及你的技能和经验与所申请工作的匹配程度。例如：你可以笼统地说在日常使用电脑的过程中习得了“计算机技能”；你如果只做过普通的文员工作，那么可以在简历中写“在办公环境中获得计算机技能”；你如果具备某项特定的技能，那么可以在简历中写“熟练使用办公软件，如Word文档和PPT（演示文稿）”。和之前提及的其他技能一样，你要确保自己能够提供使用这些可迁移技能的具体事例（包括具体的时间和地点）。

本书第4章“雇主最看重员工的7种品质”会更加全面地介绍可迁移技能，但在此之前，你该如何处理与你的技能相关的所有信息？

将你的工作技能与企业所需技能做一个对照

现在，你已经拥有了一份包含你所有相关技能和知识的完整清单。运用这些信息制作你的简历和求职信，能够让你成为所申请工作的理想候选人。

你要将你掌握的技能与雇主所需的技能相匹配。大多数雇主都不会非常仔细地看每一份简历、工作申请表或求职信，他们只会稍微扫一眼，如果觉得感兴趣才会继续往下读。若你将简历上传至简历库或在线申请职位，那么很有可能你的简历最初并没有经过人工处理而首先通过简历跟踪系统（ATS，该系统用于搜索与其编入的关键字相匹配的文档）扫描。如果你的简历中有匹配的关键字，那么它可能会被选中，如果没有就会被刷掉。因此，你要在简历中突出最重要的信息，让自己从茫茫人海中脱颖而出。不要让无关紧要的细节掩盖了关键信息。

如何将自己的技能与潜在雇主所需的技能完美匹配？你需要充分利用所有获取信息的渠道，例如招聘广告、工作说明、自身对工作的了解、他人对工作的了解等。

你获得的信息越多，就能越好地了解自己所申请工作的要求。这些信息能让你在申请工作的过程中如鱼得水，给雇主留下深刻印象并被列入面试清单。

利用招聘广告改进简历

招聘广告中有许多有价值的信息，充分利用这些信息能让你的简历脱颖而出，从而使你成功入围面试环节。通过招聘广告，你可以完善自己的简历——突出关键信息以匹配雇主招聘要求。

阅读招聘广告

个人助理

本公司为一家小型环保公益企业，现招募一名经验丰富、成熟稳重的个人助理，以提供行政和秘书工作支持。应聘者必须具备良好的组织能力和打字技能，目前公司使用的是微软办公软件。此外，你必须具备较强的沟通能力及沟通技巧，能够自信地答复公众询问。具备簿记和制作报表的经验是你的一个加分项，但如果你是我们要找的那个人，上岗后我们也会为你提供培训。最基本的一个要求是工作自觉主动。

该机构要求：

- 行政和秘书经验。
- 计算机技能，最好能熟练操作微软办公软件。
- 有组织能力。
- 自信的表达能力。
- 能够自觉主动地工作。

如果你有以下能力更佳：簿记经验，熟悉报表，与公众打交道的经验，了解并关心环境问题。

你以自己的经验可以推断出这个组织是否：

- 可靠、愿意提供支持和培训。
- 灵活、适应能力强。
- 乐于助人。
- 能够高效地完成日常工作，但在必要时能够承担起责任。

如果你的简历能够与这些要求完美匹配，那么你入围面试毫无疑问。别忘了充分挖掘你所有的技术、能力和经验。

拟写简历

有关如何拟写简历的更多详细信息，请参阅第5章。在此之前，你需要考虑如何通过了解雇主的要求来优化简历。一旦了解雇主的要求，你就能充分利用这些信息：

- 职位要求中的关键词语。
- 你具备的招聘信息中提及的技能。
- 你具备的匹配度高的技能。

简历样例

姓名

地址

联系方式

个人简介

（用招聘广告中的关键词写一份个人简介。）

本人有丰富的行政管理经验，在多个中小型公司得到了能力锻炼，具备较强的组织能力，能够高效、自信地处理客户询问。

工作技能

（在简历中写上招聘广告中提及的所有技能和资历。）

- 在行政文秘岗位有6年的工作经验。
- 计算机技能：Word，Outlook Express（电子邮箱），Excel（电子表格）。
- 簿记经验。
- 良好的沟通技巧。
- 自信的通话方式。
- 能够自觉地完成工作。
- 能够根据任务的轻重缓急合理地安排工作。

工作经历

日期，雇主

行政助理

（用招聘广告中的要求来支撑你的工作技能。）

- 为部门提供行政和秘书工作支持。
- 处理一般性的办公室工作。
- 用Word软件写信或报告。
- 处理邮件。
- 接电话和答疑。
- 负责写部门日记，组织协调人员。
- 与其他办公室人员联络。

（如果有其他相关技能，你也可以将其写入简历。）

日期，雇主

当地历史协会财务主管（志愿者）

当地500强组织财务主管

- 用Excel表格记账。
- 管理账户。
- 准备账本用于审计。

日期，雇主

销售助理

（简短地罗列出你的工作职责并按相关度排序。）

- 自信地与客户打交道。
- 回答询问。
- 提供帮助和建议。

教育背景和培训经历

（提供细节，例如日期，学校。）

获得英国国家职业资格

获得二级行政管理资格

个人细节

（要在简历中写上所有相关的信息。）

林地保护信托机构成员。

你只有为自己的工作、职责、资历等添加细节，才能全面地展示自己，但你要确保所有重要的技能和资历都被清晰地展现在简历中，而不被过多的无关信息淹没。

本书后面几个章节将会介绍如何使用这个技巧写求职信以及回答面试问题。

专家点评

一定要将职责描述中的内容写进工作申请表（或简历）中。

——玛吉·费洛斯，英国西南劳工联合会项目经理

当应聘人员很多时，简历往往要由行政人员筛选一遍。如果他们在你的简历中没有看到岗位明确要求的四五项能力，他们就不会进一步了解你。

——黛比·麦克艾克，劳斯莱斯资源中心经理

第4章

雇主最看重员工的7种品质

在前几章，本书除了介绍具体的一些工作技能外，还介绍了一些不太容易下定义的技能，例如就业能力和可迁移技能。

你可以清晰地展示具体技能，但对模糊的技能则难以描述，但这些是人们在众多工作中都会用到的基本技能，也是大多数雇主所要求的。招聘广告或职位描述可能不会明确提及这些技能，但它们都是雇主看重的品质。

本书在第2章中谈及几年后的工作现在可能还没出现。你现在具备的技能在未来可能需要更新、调整。然而，无论未来的工作怎么变化，企业要求员工具备与人合作、有效沟通、分析和解决问题、灵活组织和安排事项，以及通过决心和动力适应环境的能力不会变。

你在回顾获得每项技能的经验时，能够回想起一些宝贵的就业技能和可迁移能力。如果企业没有特别询问，那么求职者很容易忽视这些常用的模糊技能。这也是本章对此再次回顾的原因，以确保你将这些模糊的技能写进简历或求职信中，并为面试做好准备。这些技能包括以下几点。

团队合作能力

你是否曾经：

- 为团队做出贡献？
- 在团队中互帮互助以达成目标？
- 有效处理团队中的冲突和矛盾？

沟通能力

沟通能力包括以下几种：

- 影响、激励和说服他人。
- 与他人协商。
- 清晰准确地听取和分享自己的观点。

你是否曾经：

- 处理投诉或应对其他苛刻的情况？
- 听取同事、主管、客户或其他人的问题并给出有效的建议？
- 当面或以书面形式向团队或个人清晰准确地表达你的想法或提供信息？
- 成功地向他人传达你的意见？

解决问题的能力

你是否曾经：

- 发现问题并制订计划解决问题？
- 预见潜在的问题并采取措施避免它？
- 想到一个解决问题的办法并说服其他人采取必要的措施？

分析能力

你是否曾经：

- 收集信息、权衡利弊并根据你的研究做出决定？
- 根据事实做出合理的判断？

组织和规划能力

你是否曾经：

- 根据事情的轻重缓急给任务排序并提前完成任务？
- 按计划完成一个项目？
- 组织过一次活动？
- 安排项目、活动并分配任务？

灵活和适应能力

灵活和适应能力具体包括：

- 适应新的工作要求。
- 改变现状。
- 一心多用。

你是否曾经：

- 通过学习来适应不断变化的情况？
- 快速有效地完成一项任务或掌握一项技能？
- 高效地完成多项任务？
- 合理应对紧急情况？

动力和决心

你是否曾经：

- 从挫折或失望中恢复过来？
- 克服困难？
- 超出既定目标？

每个人都有使用上述大部分技能的经验，要么在工作中，要么在生活中。正如之前所述，雇主欣赏这些品质是因为它们能够确保员工在工作中完成具体的任务。企业能够训练员工工作，但不能训练他们用决心和毅力来完成任务。例如，员工如果不具备沟通技巧、不遵循上级命令、不能与他人交往、不懂协商或不能提供反馈和写报告，就难以完成任务。

同样，你可以写下上面列举问题的答案，让自己能够准备得更加充分。你只需要写一次，就能够回想起一些之前没有想到的事情，而且还能为你写简历或工作申请表，以及准备面试提供丰富的素材。本书后续几章会介绍如何拟写简历。

第5章

拟写简历

你的简历要能够达成以下目标：在几十甚至几百份简历中脱颖而出，给雇主留下专业、务实的印象，清晰简洁地展示你的相关技能和品质。

CV的完整形式是拉丁文Curriculum Vitae，意思是生活过程。早期的简历就是概述一个人的工作经历、列出他曾经工作的地点和职位的一份履历。而现在的简历还需要写上你的技能、经验和成就，并告诉雇主你能为公司创造什么价值，而不仅仅是你历任雇主的信息。

吸引招聘者的眼球

制作简历的目的不是让你得到一份工作而是让你能够有机会面试，因此你不要试图将所有的细节都放进简历中，而要将能让雇主感兴趣以及更了解你的信息放入简历。雇主最想知道你是否：

- 具备工作所需的具体技能。
- 相关经验。
- 了解工作需求。
- 具备工作所需的个人品质。

许多职位描述大同小异，大部分的简历首先需要通过简历跟踪系统筛选和扫描。简历跟踪系统是用于查找工作招聘和工作描述的关键词的。如果你的简历中含有这些要点，那么它让雇主看到的概率就更大了。

留下好印象

你的简历要易于阅读，能够让机器扫描识别，也能够让雇主看清楚。

- 确保简历里包含了所有要点。更多关于如何查找和使用关键词的信息详见本书第13章。
- 简历不要弄得花里胡哨。很多求职者喜欢在简历中加一些颜色、图案、照片、图表和其他设计。老版简历跟踪系统不能够识别这些设计，不是所有的企业简历库使用的都是最新系统。
- 尽量让简历的排版和设计看起来简单、清晰和易懂，你需要：使用标准的字体，且白底黑字；使用宽边距和行距让简历看起来干净整洁；结构分明，每一部分都含小标题；用项目符号分点列举。
- 将最重要的信息放在最前面，添加细节以佐证。至于哪些是重要信息、哪些信息用于佐证，取决于你的实际情况。例如，对刚刚毕业的大学生，教育背景十分关键，但对于在职场打拼了10年的人而言，这些通常都是次要信息。
- 认真检查拼写、语法和标点。纠错软件并不是万无一失的，它不能区别出 their（他们的）和 they're（他们是），也不能区别 fist（拳头）和 first（第一）。

展示相关技能

简历中包含了大量信息，这些纷繁复杂的信息可能读起来比较困难。将简历中的所有内容以简短、明确的方式写出来，在每一个部分加上标题，这样显得逻辑清晰，能够让雇主清晰地看到简历中的关键点。大部分简历包括六大板块：联系方式、个人简介、工作技能、工作经历、教育背景和培训经历、其他个人信息。

联系方式

联系方式通常放在简历的最前面。你未来的雇主首先得知道你是谁，怎么和你取得联系，具体的联系方式包括名字、地址、家庭电话号码或手机号码、电子邮箱地址。你还可以在简历中加上职业社交网站的链接，例如领英。

样　例

约翰·史密斯

1号楼，××× 街道

××× 城镇 AA0 0AA

电子邮箱：jsmith@anyisp.co.uk

领英：www.linkedin.com/johnsmith

个人简介

一个理想的个人简介是将你所做的事情以及你的工作方式凝练成几句话。经过深思熟虑写出的个人简介清晰精练，能让雇主充分了解你的能力，而一份夸夸其谈、陈词滥调的简历则会让他们失望。写好个人简介需要考虑以下方面：

- 职业。
- 工作技能和长处。
- 从何处获得这些工作技能——你重要的工作经验。
- 个人品质。

写下能够归纳上述每一点的关键词，思考一下：为什么你擅长做一些事情，你的优势是什么？你潜在的雇主最感兴趣的可能是什么？

我们的目标是让你用简洁的文字描述自己，让你的个人简介看起来具有专业性。

样例1

职业：个人助理。

工作技能和长处：双语能力（法语、英语），办公和计算机技能。

重要的工作经验：在法国和英国工作过。

个人品质：高效、平易近人，具备合理规划的能力。

个人简介

本人是一名经验丰富的双语助理，通晓商务法语，曾在CBC（加拿大广播公司）工作过，具备出色的办公和计算机技能，能够优先处理紧急工作，工作高效、人缘好。

样例2

职业：计算机软件培训师。

工作技能和长处：获得微软公司认证。

重要的工作经验：具备数据分析和信息管理相关背景，了解商业、金融环境以及培训所需知识。

个人品质：成熟、称职。

个人简介

本人为微软认证的培训师，负责制作电子表格、管理数据和图表演示软件培训；在不同商业和金融环境中获得了信息管理和数据分析能力，是一名成熟、专业的计算机软件培训师。

样例3

职业：时装和女装销售员。

工作技能和长处：拥有良好的客户关系，对服装色彩和设计有独到的见解。

重要的工作经验：从百货商店到小型（或私人）商店无所不包。

个人品质：创造力强、全能、适应能力强、机灵、五官端正。

个人简介

本人从事时装和女装行业多年，无论是在大型百货商店还是小型私人商店都有过工作经验，具有很强的创造和适应能力，善于与客户打交道，具有敏锐的时尚感，善于运用色彩和设计。

你可以考虑用个人总结代替个人简介，因为个人总结比个人简介更简练，能更突出地展示你的信息。你也可以用项目符号列点来概括自己的能力。

样 例

个人总结

- 在×××领域具备5年以上的工作经验。
- 精通×××知识。
- 管理×××。
- 在×××方面有丰富的经验。
- 善于×××。

如果你在某一领域具备丰富的经验，那么个人总结比个人简介更适合你。例如：如果你在管理岗位有大量经验，与求职岗位要求完美契合，那么个人总结就能突出你的优势。

工作技能

这一板块展示的是你的工作技能，是简历中最重要的部分——雇主只要扫一眼就能够马上明白你具备哪些能力。在写这块内容时，你要仔细回想工作要求，突出自身优势。

样例1

工作技能

- 监督员工。
- 按照标准程序办事。
- 根据轻重缓急完成工作任务。
- 分析问题和纠错。
- 计算机技能：

——熟练使用Word；

——运用Excel做试算表；

——使用Outlook Express和网络设备。

样例2

工作技能

- 在员工流失率高的企业管理员工。
- 为企业内外部客户提供一流的技术服务。
- 具备5年项目管理经验。
- 预算编制。
- 训练和激励员工。

在工作技能这一部分，如果你的学历、经验和业绩与工作要求更合适、更相关或更重要，那么你也可以写上（可参见第8章“具体岗位简历撰写要点”）。

样例1

学历

- 心理学硕士。
- 心理学学士：

——高级统计分析；

——应用研究中的定量技术；

——实验心理学；

——教育和发展心理学。

样例2

经验

- 在项目管理上有过10年不同环境的工作经验。
- 精通健康、安全和就业领域的知识。
- 对调动员工积极性和培训有全面的了解。
- 追求卓越。
- 提供了多种有效的项目解决方案。

样例3

业绩

- 技术支持服务使用率提高了50%。
- 每年销售额增长高达15%。
- 领导销售团队屡创佳绩。
- 取得了市场营销文凭、会计文凭以及管理学文凭。

工作经历

这一板块主要是向雇主提供你当前工作的信息，以及你过去所做的工作，不能只写公司名称、职位以及日期，还要详细说明你的主要工作职责及业绩。你要先用一句话概括你的主要职责，然后列出关键要点（参见样例）以突出你能为雇主创造哪些价值。你可以写自己：

- 提升了：

——生产力水平；

——销量和利润；

——产品营业额；

——货物周转率；

——市场机会。

- 改善了：

——客户关系；

——设计；

——员工关系；

——公共形象；

——适销情况；

——信息流通渠道；

——员工表现；

——团队销售情况。

- 减少了：

——员工流失率；

——花费的时间；

——成本；

——浪费；

——风险事故。

你要先写你目前所在岗位，再倒回去写之前的岗位，详写近期两三个工作经历，剩余的工作经历一笔带过。

样例1

工作经历

2014年至今：×××有限公司

系统控制专员

为英国南部6个基地200名员工提供系统支持。

- 提供软硬件咨询服务。
- 运用操作系统恢复丢失的数据文件。

- 先分析系统性能、发现问题并找到问题根源，再采取行动。
- 记录软硬件发生的故障并告知程序员或软件工程师。
- 优化系统，将系统平均损失时间从24小时缩短至4小时。
- 在城市行业协会取得电脑应用文凭后，从理赔专员升职为系统控制员。

2009—2014年：×××金融服务公司。

理赔专员

文员

为家庭保险索赔评估，负责监督7名员工，在截止日期前发放支票并管理保险凭证。

样例2

工作经历

2014年至今：×××初级卫生保健基金会。

厨师

作为厨师团队中的一员，在中心厨房准备间工作，每天为大型医院提供5 000份餐饮。

- 在医院和日托中心准备膳食。
- 监督日常食材准备。
- 为有特殊饮食需求的团体准备食物，例如：糖尿病患者只能吃低盐、低油和不含麸质的食物。

- 负责准备休闲零食以及分发食物。
- 高质量完成食物准备工作。
- 每年都能达成年度预算目标。
- 减少 15% 的浪费。

2011—2014 年：××× 资源东南公司。

厨师

厨师助理

为大型企业职员和参观者提供高质量的餐饮服务，工作积极主动，善于团队合作。

- 每天为 250 人准备早餐和午餐。
- 准备糕点和甜食。
- 提供热情周到的服务，以严格的标准要求自己。

2009—2011 年：×××学校。

食堂员工

与其他 3 位厨师合作为 1 700 名学生和员工提供午餐，既能提供菜单上的标准菜品也能根据特殊饮食要求准备食物。

样例 3

工作经历

2016 年至今：××× 兴趣项目。

表演指导

作为团队的一员，为70名8～10岁、能力参差不齐的学员提供课外表演指导。

- 教授表演技巧。
- 指导和激励学员。
- 设定目标以提升表演层次。
- 督促学员进步。
- 做好记录。
- 排练出4个成品节目，演出时座无虚席，受到社区观众好评。

教育背景和培训经历

对于刚毕业的学生而言，这一板块尤为重要，你可以写自己修读了哪些课程以及通过了哪些考试。参见第7章“4类需要在简历上多下功夫的求职者”，以了解更多关于毕业生如何写简历的信息。

然而，在职场打拼过一段时间的人会发现雇主更看重职场资历而不是考试成绩，因此除了写学习成绩外，你还可以补充相关工作培训内容。

- 教育成就：GCSEs（相当于初中学历）、A levels（相当于高中学历）、AS levels（相当于高中一年学历）、其他学历与文凭。
- 职业资格。
- 相关职业培训。

- 相关公司拓展项目。
- 计算机技术和继续教育。
- 语言技能。
- 相关专业协会成员。

样例1

教育背景与培训经历

2018年至今：×××大学。

国家职业资格三级

修习了文员技能课程，主要学习管理和监督。通过学习高阶课程，我的办公室管理技能和网络技能得到了改善和提升。

2003—2005年：×××继续教育学院。

大学秘书文凭

1996—2003年：×××学院。

A levels：英语、法语、经济学。

GCSEs：7分，修习科目为数学和英语。

样例2

教育背景与培训经历

人事管理文凭

2007—2010年：×××商学院。

教育学文凭

1999—2003年：×××大学。

与工作相关的培训

- 心理测试。
- 能力测评。
- 评估技巧。
- 职业生涯指导。

样例3

教育背景与培训

×××学校，2009—2011年。

新闻文凭

×××大学，2003—2006年。

历史和英语学士学位

×××学校，2001—2003年。

A levels：英语、历史、法语。

GCSEs：9分，修习科目为英语和数学。

个人信息

（这一板块主要包含你的兴趣、活动以及其他相关却不足以归类到其他板块的个人信息。）

- 驾照（无不良记录）。

- 生日。
- 国籍和就业状况（若相关）。
- 注册残疾志愿者（若相关）。

（有关爱好和兴趣的细节略写。对写入简历的内容要仔细斟酌。社区活动和团队活动是加分项，但最好不要将政治党派、宗教或有争议的社团写进简历，例如：支持或反对捕猎小组。）

样例4

个人信息

出生日期：1994年7月12日。

健康状况：健康，不抽烟。

驾照：有驾照，无不良记录，有高级摩托车驾照。

兴趣：骑行和骑马，在当地马厩做助手；在周末和假期帮助残疾儿童。

样例5

个人信息

出生日期：1984年5月3日。

爱好：团体运动，如篮球、网球、女子橄榄球、排球。

有驾照，无不良记录。

若有需要可以提供证明。

样例6

兴趣：游泳和帆船运动，唱诗班成员，教区行政机构成员。

有车、有驾照，无不良记录。

不吸烟。

简历内容与应聘职位要求相匹配

简历中的每一句话都应当是有价值的。简历中写的不相关的内容越多，雇主就越难分辨哪些是真正重要的事实。因此写入简历中的内容要慎重，任何你觉得能够让你获得面试机会的内容都要写进简历。如果不确定，那么你要三思而后行，想想自己能否更好地利用这个板块。

你可以删去以下内容：

- 不必要的个人信息，例如：婚姻状况，婚前的姓氏，家里有几个孩子，孩子的年龄，国籍，性别，配偶的名字或职业，宗教，政治派系，年龄或生日，之前工作的薪水，辞职的原因。
- 照片，除非有特殊要求。
- 推荐人的名字和地址，如果有要求可以提供。
- 负面信息。绝对不要在简历中歪曲事实，但要再三考虑任何会减少你获得面试机会的事情。如果它不影响你完成工作的能力，那么请你等到面试的时候再向雇主解释。

- 过期的信息。与10年前的工作相比，你现在的工作与所申请的工作相关度更大，你可以将之前的工作及经历整合，腾出空间写更重要的事情。

简历样例

简·史密斯

×××街道23号

×××小镇 AA0 0AA

电话：00000 000000

电子邮箱：jsmith@anyisp.co.uk

个人简介

办公室经理和行政主管，在私营和公共部门拥有丰富的经验，喜欢在快节奏、具有一定强度的工作环境中工作，抗压能力强，在压力下依然能够高质量地完成任务。

工作技能

- 监督员工。
- 准确完成标准流程。
- 按照事情轻重缓急完成任务。
- 法语讲得很流利。
- 能够轻松使用办公软件：Word，Excel，Outlook Express和PPT。

工作经历

2016年至今：×××议会。

办公室经理

高级管理人员

文员

负责校对和管理文档：

- 负责监督5名全职员工工作，根据需求指导短期工以及第三方机构员工。
- 按程序培训员工并监督实施情况。
- 鼓励员工在规定期限内完成工作。
- 整理部门内部数据。
- 上传下达。
- 在任何情况下都能保持高效和准确性。
- 在同一家公司得到两次晋升。

2011—2016年：×××保险公司。

文员

负责协调和处理办公室事务：

- 处理电话询问和请求。
- 管理所有部门的文档。
- 处理邮件。
- 日常通信。

2009—2011年：×××进口有限公司。

文书助理

处理办公室事务，包括簿记和管理发票。

教育背景和培训经历

国家职业资格三级

2017年至今：修习了文员技能课程，主要学习管理和监督。通过进阶课程的学习，我的办公室管理和计算机技能得到提高。

2007—2009年：×××继续教育学院。

秘书文凭

1997—2007年：×××学校。

A levels：英语、法语、经济学。

GCSEs：7分，修读科目为数学和英语。

个人信息

兴趣：游泳和帆船运动，备战海岸航行证书中；×××戏剧协会会员。

有车、有驾照，无不良记录。

持有某救护机构紧急救护证。

不吸烟。

专家点评

雇主在每份简历上只会停留两秒，你不应当让雇主把这两秒浪费在看你的姓名和地址上，而应该在开头写一段个人介绍，概括你的工作经验和主要技能，不要在描写个人性格上浪费太多笔墨，毕竟每一个人都是“踏实肯干、雄心勃勃”的。

我在看到简历中添加了个人介绍和工作经历时，会很快答复。

雇主看爱好和兴趣板块通常是为了辨别求职者的个性——是团队合作者还是自我激励者等。

——马克·科尔顿，就职于英国就业工作中心

雇主在阅读你的工作申请表和简历时不会做推理，如果你没有写，那些信息就相当于没有，因此你要把这些信息写下来。

——玛吉·费洛斯，英国西南劳工联合会项目经理

第6章

简历中常见的15大问题

如果你的工作经历没有那么完美，怎么办？有些人或许想要篡改事实让自己的简历看起来更完美。千万不要这样做，这不仅冒险，而且没有必要。在写简历时，你可以通过突出自己的优势、略写自己的不足来解决这一问题。

制作简历的目的是得到面试机会，因此你需要做的是展示价值而不是缺陷。如果你得到面试机会，那么面试官可能会要求你回答一些与你的资历和背景相关的问题，请参阅第16章“如何回答面试问题”，至少你有机会当面给出完整的解释。

问题1：我有职业空窗期

如果你有职业空窗期，那么你可以在日期上花一些心思，写年份而不写月份，例如：“2008—2009年”，而不是“2008年11月—2009年1月”。如果间隔过长，那么你需要说明当时自己在做什么以及取得的技能和成就，包括参与培训、学习、旅行、做志愿工作、育儿、做自由职业和个体经营。只要仔细回想，你就能够想到一些正面的、与工作相关的、可以写进简历的东西。

样　例

工作经历

2008—2009 年：在欧洲商务旅行。

- 学习了新的语言。
- 学会欣赏不同的文化。
- 提升了人际交往能力。
- 提升了解决问题的能力。
- 变得更加独立自主。

问题 2：我的简历杂乱无章

简历内容要直截了当地让雇主清晰了解你具备的能力。你要通过自己的工作经历来说服雇主。这就要求你仔细挑选写在简历中的内容并认真组织语言。

- 在个人简介中总结一下自己全部的工作经历，突出一个主题并在申请岗位时牢记在心。
- “关键技能”板块的内容应当是经过筛选的，如果你具备一系列的相关技能，那么你可以用小标题分组归类。
- 如果你有形形色色的工作经历，那么你应该选出最相关的经历，其余的简要概括即可。

在下一个简历样例中，求职者申请的是与销售相关的工作，应当突出其销售技能。如果你申请的岗位是企业管理，那么你在简历上强调的应该是团队建设、问题解决和预算管理能力。

问题3：我的相关经验是从志愿者工作中获得的

从志愿者工作中获得的经验和技能与在工作场合中获得的经验和技能同样真实有效，它们都可以被写进简历。请参阅第3章“着手准备”的简历样例，看看你要如何将其写进工作经历中。

问题4：我做过不同类别的工作

如果你之前做的工作多种多样，那么你可能缺乏特定的方向。幸运的是，除了具体的几项技能以外，大部分的技能都是可迁移的，例如，大部分的工作都要求员工具备人际交往或者解决问题的技能。因此你要选择相关可迁移技能，将其写在关键技能板块，并添加相关具体或专业技能，同时总结你的工作经历，将重心放在你是如何使用这些可迁移技能的。

有用的可迁移技能包括以下方面：人际沟通技能、协商和说服技能、分析技能。

简历样例

个人介绍

本人从事营销行业15年，具备出色的人际交往技能以及灵活、全面的营销策略，在竞争激烈的市场中能够极大提升销量和利润。

关键技能

销售

- 维系和服务现有客户，开拓新领域，在3年内将营业额从5%提升至65%。
- 与分销部门联络，让顾客享受便捷高效的服务，将顾客等待时间缩减了两周。
- 通过营销手段为现有客户提供更多种类的产品。
- 分析定位重要客户，为公司增加了23%的销售额。

企业管理：

- 寻找企业发展机会。
- 提升客户服务的满意度。
- 研究和开拓新市场。
- 发现和理解客户需求。

工作经历

2011年至今：×××礼品公司。

零售经理

- 管理位于市中心繁忙的礼品店，以及节日特有的快闪店铺。

- 挑选和购买货物。
- 加大汽车产品的营销推广。
- 提升现有产品的潜力并将利润提升了20%，远超既定目标。

2008—2011年：××× 公司。

销售代表

- 在竞争激烈的市场开辟新的领域。
- 成功协商并达成交易。
- 制订销售计划，充分利用现有客户资源。

2005—2008年：×××有限公司。

采购经理

2002—2005年：×××有限公司。

电话销售代表

1999—2002年：×××有限公司。

文员

- 时间管理技能。
- 解决问题和做决策。
- 一心多用的技能。
- 做预算。
- 激励他人。
- 富有创造力。

参阅第4章，了解大多数雇主看重的有用技能。

问题5：我的简历超过两页

一份简历如果超过两页就太长了，你应将重心放在相关技能、资历和经验上面。你当前和近期的工作是最能引起雇主兴趣的，而其余则只需简要概括，所以你只需要写上最重要的一些事实以及修改过的亮点，将最重要和最关键的信息放在第一页。

问题6：我同时做好几份工作

这种情况现在非常普遍，有人同时做两份以上的兼职工作。如果其中一份工作是短期的，那么你可以忽略不写，将重点放在与所申请工作更相关的另外一份工作上。但是如果两份工作一样重要或相关，那么你可以将两份工作中运用的技能都写进简历中的“关键技能”板块和“工作经历”板块。

样 例

工作经历

2011 年至今：×××生产有限公司。

视频制作培训和协调员

与社区青年团队一起工作：

- 协助团队制作自己的视频以及社区视频。
- 训练他们使用器材，以及基本的制作和编辑技巧。

- 整合内容和故事线，帮助团队将想法转变成作品。

2006—2007年：×××广播公司。

广播节目制作

- 为地方广播搜寻、策划和制作每周社区新闻。
- 为其他主持人提供播报稿子。
- 挑选、接洽和采访来宾。

问题7：我只做过一份工作

如果你只做过一份工作，那么你的工作履历看起来可能比较单薄。针对这种情况，你可以在“关键技能”板块或“工作经历”板块中的职责部分加上你在工作中学习或运用的技能和知识，以及取得的成就。同时，你的兴趣爱好以及在志愿者工作中获得的技能和经验也可以写入简历。

个人简介

本人做事井井有条，诚实可靠，刻苦努力，具有8年个人助理工作经验，具备良好的办公技能，值得信赖，能够在压力下保持镇静和幽默。

工作技能

- 英国皇家艺术学会三级打字员：70字/分。

- 英国皇家艺术学会二级复写员：70字/分。
- 英国皇家艺术学会二级速记员：120字/分。
- 英国皇家艺术学会二级秘书。

工作经历

2006年至今：×××有限公司。

秘书和财务总监个人助理

承担各种秘书和行政职责。

秘书工作

个人助理兼财务经理秘书。

- 熟练掌握微软办公软件。
- 出色的打字技能。
- 当面或通过电话处理质询。
- 在下面几个方面经验丰富：

——制作报告和通信；

——听写并誊写；

——做会议记录；

——用Excel表格做报表和报告。

行政工作

听命于财务部所有的秘书和文职人员：

- 负责部门日常运作。
- 负责督促4名员工。
- 协调部门工作时间。

- 组织业务展示和娱乐活动。
- 培训和监督初级员工。

问题8：我的大部分工作经历相似

如果你的大部分工作职责都是一样的，那么你可以将重心放在你的技能和成就上，并总结你的工作经历。

样　例

工作技能

- 客户服务。
- 管理现金和安保。
- 控制库存，包括运用计算机库存管理系统。
- 财务管理，包括信用协议、客户账户、信用或借记通知单和银行对账单。
- 文书管理，包括销售报告和客户通信。

成就

- 组织和管理“终极房屋”交易展位3年。
- 采用计算机库存管理系统跟踪和分析5个分部门之间的库存往来。

- 管理每日银行存款和信用卡利息。
- 微规格医疗器械公司 2006 年获奖团队成员。

工作经历

销售

2009—2012 年：××× 有限公司。

销售顾问

2007—2009 年：××× 子公司。

销售顾问

2005—2007 年：××× 有限公司。

销售助理

2000—2005 年：××× 有限公司。

问题 9：我失业一年多了

如果你在失业的那年参加培训、从事志愿工作、尝试创办自己的事业或抚养孩子，那么你也能获得一些有用的技能。如果你没有做什么特别的事情，那么你可以报名参加一些培训课程或者社区项目——帮助你填补这一空白期。

你可以将在这段时间学习获得的技能写进“工作技能”板块，也可以将你之前所做的工作写进“工作经历”板块。

样　例

工作技能

- 为营业额高的企业管理员工。
- 为企业内外部客户提供一流的技术服务。
- 项目管理和预算。
- 培训和激励员工。

工作经历

2013年至今：×××培训公司。

培训督导

（志愿者岗位）

为社区项目志愿者提供基础工程技能培训，该工程技能适用于多个项目，包括环保节能项目。

2007—2013年：×××工程有限公司。

工业工程师

负责工厂和部门的所有工业工程服务；监控、协调和提供生产工程服务，尤其是产品成本、价值分析、预生产、方法改进；提供工作计量设备以及制订奖金方案。

问题10：我目前的工作与应聘职位不相关

你应当专注于自己的相关技能而不是现在的工作。你要充分利用“工作技能”板块，在简历中添加“关键经历”板块或者合并两个板块。

样　例

工作技能和经验

- 在人力资源管理、评估和开发方面具有丰富的经验。

——具备出色的人力资源管理技能；

——帮助金融公司制定人力资源管理方阵和流程；

——提升人力资源开发效率；

——引进工作考核机制。

- 与各大培训中介、培训、企业委员会和雇主往来密切。
- 能够通过各种测验甄选人才。

——心理测试；

——能力测试；

——技巧评估；

——职业指导和咨询。

- 在设计、传授和评估培训课程方面经验丰富。
- 了解就业相关法规。

工作经历

人事专员

2006—2011 年：××× 有限公司。

人力资源经理

2002—2006 年：××× 有限公司。

人事专员

1993—2002年：×××有限公司。

人力资源助管

文员

文员助理

问题11：我不具备所申请岗位的相关经验

你要充分利用现有的经验并回想你所有的经验：资历、培训经历、目前的工作经验、志愿工作、可迁移技能和个人品质。如果缺乏经验对于你而言是一个明显的短板，那么你可以通过参加培训、做志愿服务、实习、做短期工作或兼职工作获取。尽管这可能意味着你在职业生涯上倒退一步，听起来有些令人生畏，但从长远来看这些都是值得的。

问题12：我的资历过高

如果你的资历相对于申请的岗位而言过高了，那么你可以将重点放在工作中运用的实践技能和经验上，将这些技能和经验写进“工作技能”以及“工作经历”板块中的职责里。

将“多余”的资历写在简历第二页“教育背景和培训经历”板块里。

问题13：我的资历不够

你必须告诉自己你具备所申请岗位的经验，否则你是不会申请的。将关键且相关的工作技能和经验放在简历的第一页，也可以添加自己参加过相关工作的培训，尽管这些培训可能并没有授予你文凭或者学历。

问题14：我50多岁了

如果你已经50多岁了，那么你可以在简历中强调你取得的业绩和关键的技能。如果你参加过一些提升和更新技能的培训，那么你可以将其写进简历，近期的工作详写，较早期的工作略写。

样　例

工作经历

2016年至今：××× 有限公司。

艺术总监

- 构思设计理念，监督团队进行艺术品创作，为直接营销机构做复刻品。
- 为公司的宗旨、目标、艺术品展示和制作成本提供建议。
- 为艺术品展览布局和提供设计理念。
- 为艺术品或插画生产、挑选或安排提供合适的材料。

- 指导员工制作布局图纸。
- 审批最后呈交给客户的布局图纸。

2010—2016年：×××有限公司。

工作室经理

工作室经理助理

- 协助工作室组织运营工作，并为视听影音公司设计图纸。
- 为视频和视听影音展示提供图表资料。
- 监督项目分配。
- 为临时员工提供培训和督导。

2005—2010年：×××有限公司。

设计师

为公司简报、宣传册、年度报告和企业内刊提供图表资料。

2005年之前：参与各种类型的工作。

设计师和粘贴艺术家

为杂志和宣传册提供图表资料。

问题15：我不到25岁

如果你不到25岁，那么你很可能会被认为缺乏经验。你要尽可能充分利用你所拥有的经验，并强调所有相关的技能和经验，可以参阅“我只做过一份工作”的相关回答。

如果这是你大学毕业后做的第一份工作，你可以从第7章“4类需要在简历上多下功夫的求职者”中获得制作简历的一些灵感。

专家点评

简历上要尽量避免出现工作空白期。如果那段时间你在旅行或者在家照顾小孩，那么你可以将这些内容写上去。不要在你的职业履历上漏掉一些信息，雇主会知道原因的。你从那些经历中学到的技能也可以被写入简历。

——马克·科尔顿，就职于英国就业工作中心

我们有时候的确会收到8页的简历，但是我们通常不会全部读完。无论你具备多少工作经验，你都需要总结、压缩，让这些经验符合所申请的工作的要求。我们没有必要了解你七八年前做的工作。相关性非常重要，你需要在简历中列出最相关的经验，尽管这些经验可能不是从你现在做的工作中获得的。

——戴维·贾尔斯、纳塔莉·威尔肖和保罗·特纳，就职于西地直升机有限公司人力资源部

第7章

4类需要在简历上多下功夫的求职者

有的简历似乎没有“问题”，但是你如果想要充分展示自己的技能和经验，还需要在简历方面下一些功夫。这些人包括高中、技校和大学毕业生，重返职场的人和改变职业方向的人。

应届毕业生

当你没有或者只有很少的工作经验时，你应该在简历中写什么？雇主应该如何判断你的优势和劣势？从某种程度上说，只有雇主才能判断一名初出茅庐的求职者是否具有潜力，但是你也能够通过一些方式向雇主展示你的潜能。

个人简介

用简历中的这个板块描述你的积极特征：你的优势、兴趣和个人特质。雇主也可以用此来了解你的职业发展方向。

资　历

简历中你需要填写的是学历而不是经验和工作技能，因此在该板块你需要详细介绍自己的资历。

成　就

添加一个额外的“关键成就”板块，强调“学历”板块中没有提及的奖项、职责，例如带领过团队、获得过奖项、管理过特殊群体或者做过志愿工作。

工作经验

尽管你还没有工作经历，但你也可以充分利用已有的工作经验。尽管有些经验和你申请的工作的要求不同，但它们却十分有用，这些经验表明你对工作环境十分熟悉，并能理解一些基本工作事项的重要性，例如守时、遵守规矩、与同事和谐相处、勇于担当。这些基本工作包括假期工作、周末的工作、志愿者工作和实习工作等。

可迁移技能

尽管你有很少的具体工作技能，但你仍然可以向雇主展示你具备许多基本的能力。你要充分挖掘可以转变为可迁移技能的经验，这些经验可以证明你有潜力通过培训和历练轻松获得更多具体的技能。

每个工作都需要一些可迁移技能，这些技能包括：

- 问题分析能力。
- 问题解决能力。
- 交流技能，包括书面表达、口头表达以及人际交往能力。
- 决策能力。
- 组织计划和统筹安排能力。

- 时间和资源管理能力。
- 计算机技能。

你需要将你的每一份重要的工作职责分解为潜在的可迁移技能。

样　例

你负责学校音乐节的宣传和设计，并且需要为活动印传单，这意味着你可以运用设计技能、书面表达技能和计算机技能来制作传单；运用预算和决策技能，决定如何印刷和去哪里分发传单；运用谈判技能，减少印刷成本并且说服当地的俱乐部和经销商多拿一些传单；运用计划和统筹技能，在截止日期前完成传单设计、印刷和分发工作；运用组织技能，组织志愿者制作传单并将其送到分发地点；运用人际交往技能，在现场协调志愿者和分发人员的工作。

你需要将这些在其他情况下使用的可迁移技能运用到你所申请的工作中，了解申请工作所需的技能并充分展示你具备这些技能。

你要充分挖掘自己的优势，并在制作简历时将其牢记在心。

高中毕业生简历样例

姓名

×××街道 ×××镇 AA0 0AA

固定电话：00000 000000

移动电话：00000 000000

电子邮箱：姓名@anyisp.co.uk

个人简介

本人友好、外向，具备良好的沟通能力，在多个志愿者岗位上得到锻炼，能够运用不同的能力为不同年龄段的人提供各式各样的服务。本人工作认真、尽职尽责，既擅长团队合作，又能够独自完成任务。

成就

- 代表学校参加游泳和田径运动会。
- 参加“2013爱奔跑、爱生活”比赛。
- ×××镇青年田径队干事。
- 校际锦标赛队长。

教育背景

2013年至今：×××学校。

GCSEs：法语、英语语言、数学、通用科学、信息技术均为A，历史C。

A Levels：法语A和英语语言B。

志愿者工作经验

关爱老人项目

定期看望当地福利院老人，帮助他们购物以及做一些家务。

假日游戏计划

与7～9岁的孩子一起参加各式各样有安全保障的项目，比如挖池塘、建蚂蚁农场等。

夏季运动项目

在暑假和复活节假期期间，以4～5人为一组，为11岁以下的儿童提供壁球、羽毛球和网球训练课程。

个人信息

出生日期：2001年9月8日。

有驾照，无不良记录。

不吸烟。

具备相关经验的高中毕业生

姓名

×××街道×××镇 AA0 0AA

电话：00000 000000

电子邮箱：姓名@anyisp.co.uk

个人简介

本人为人友善、开朗外向，高中毕业，接受了良好的通识教育，具备丰富的零售经验。本人诚实可靠，具有责任心，擅长与顾客打交道，对零售和营销尤其感兴趣，希望将零售和营销作为今后的职业发展方向。

工作经历

2016年至今：×××便利店有限公司。

销售助理

- 服务和协助客户。
- 处理质询和投诉。
- 现金交易。
- 依法管理烟酒和彩票。
- 值夜班，替请病假的员工值夜班和周末班。

2016年夏：×××家具有限公司。

销售助理

- 处理质询。
- 获取客户订单的详细信息。
- 交付。
- 展示区域维护。

教育背景

2011年至今：×××学校。

GCSEs：英语、德语、历史、信息技术均为A，数学、经济学、艺术、科学为B。

电脑技术

熟练使用日常办公软件和网络，能够使用试算表和数据库。

个人信息

生日：2000年2月16日。

兴趣爱好：单簧管演奏者、青年管弦乐队成员。

职业技术学院简历样例

姓名

×××街道×××镇 AA0 0AA

固定电话：00000 000000

移动电话：00000 000000

电子邮箱：姓名 @anyisp.co.uk

个人简介

本人积极好学，专业为电脑研究，刚取得计算机科学文凭，现寻求一个能够继续在该领域深造的岗位。

教育背景

2016年至今：×××大学。

计算机科学专业

该专业包含的课程：

- 计算机系统。
- 通信技术。
- 计算方法。
- 软件开发。
- 编程。

- 网络设计和管理。

2009—2016年：×××学校。

A levels：信息技术A、数学A、经济学B。

GCSEs：7分，含数学、英语和计算机。

工作经验

2016年至今：×××大学。

销售助理（夜班）

- 服务和协助客户。
- 现金交易。
- 处理质询和投诉。

2017年至今：×××大学。

行政助理（兼职）

- 整理文件。
- 为职员和学生提供打印和复印服务。
- 开展日常行政工作。

个人信息

生日：1998年4月9日。

兴趣爱好：阅读、游泳、电脑游戏。

为特殊群体设计和建立网站。

持有无不良记录的英国驾照。

重返职场的求职者

职业中断的原因有很多，其中抚养孩子是最普遍的原因，也有其他原因，例如照顾年迈的父母、旅行或其他兴趣、个人发展、被裁员或解雇。不要低估你在职业空窗期学到的东西，尤其是可迁移技能。请参阅第4章了解更多雇主重视的有用技能。短期课程可以提升你的技术技能，对于停职几年后回归职场的求职者来说尤为重要。

个人介绍

将过往的工作经历、在停职期间做的事情以及未来打算做的事情用逻辑串联成一个整体。

工作技能

工作技能包括：

- 你在停职期间学习到的新技能和经验。
- 任何你做的能够提升技能和资历的事情。
- 你紧跟职业发展的方式。
- 个人品格特征的提升，例如变得更成熟、负责任、善解人意、自信或更灵活。

工作经历

停职期间的经历可以被写进工作经历中。你要对你在此期间学到的东西保持积极的态度，像一份正式工作一样，写上你的职责。你如果做过兼职或者志愿者工作，那么也可以将其写进工作经历中，可以参考上一节，了解如何从兼职和志愿者的工作经历中挖掘有用的技能。

重返职场的人的简历样例

姓名

×××街道×××镇 AA0 0AA

固定电话：00000 000000

电子邮箱：姓名 @anyisp.co.uk

个人介绍

本人从事医疗记录管理多年，做事有条理，在医疗记录的验证、存储和检索方面有着广泛的经验，能够运用文档和数据库做记录。现在重返职场，带着新的工作技能，希望找一份能够充分发挥自身才能的工作。

工作技能

- 目前在学习国家职业资格四级行政文员课程。
- 维护、发展和管理医疗记录和数据系统。
- 收集、存储和检索患者数据。
- 为处理批量记录制定策略。
- 实施有效的数据存储和检索程序。
- 监督员工编制，录入医疗记录数据和存储记录。
- 为员工提供易于操作的数据处理方式。
- 分析第一阶段的数据。
- 为员工和部门提供信息。

工作经历

2013年至今。

全职在家照顾两个小孩，目前他们都在上学。

- 家长代表。
- 为儿童活动项目集资。
- 当地保护组织财务主管，职责包括：簿记，用Excel表格记账，为外部审计提供账簿。

2006—2013年：×××医院信托基金会。

记录管理员

负责接受、存储、检索和提供数据：

- 管理10名员工。
- 维护、更新记录和文件。
- 检查数据的增减。
- 记录数据有出入的地方，并在必要时进行查询。
- 处理手写文件、电脑中储存的记录以及打印件。

2003—2006年：×××健康中心。

行政助理

协助中心主管完成公司行政事务管理：

- 记录和更新记录。
- 输入、检索数据和统计信息。
- 协调员工、诊所和客户之间的沟通。
- 监控消耗品的使用。

教育和培训

城市大学：CLAIT课程结业。

计算机技术

熟练使用微软办公软件，包括Excel、Word、Outlook Express；熟练使用美迪加医疗公司数据库系统。

改变职业方向的求职者

本书一直在强调简历一定要与所申请的工作相符，不要让雇主在简历中寻找关键点，应当将关键信息写在简历的第一页。你需要知道自己的哪些信息与新的岗位是相关的，搜集所有相关信息，让你在求职过程中不会迷失方向（参考第1章和第3章）。你需要将自己已有的技能和经验与申请工作所需的技能和经验联系起来，同时去寻找这些联系并且在简历中突出这些联系，而不要希望雇主帮你做这件事。

个人介绍

在个人介绍中，你可以写上你之前的工作经历、换工作的原因，以及将你的职业生涯用逻辑性强的语言写成一个令人信服的故事，这能够让你的目的更加明确。

工作技能

你要在简历中写上符合你新职业的工作技能、品质和成就，包括：

- 本身具备的对新职业有价值的技能和经验，包括在许多工作中都会用到的可迁移技能。
- 新的资历和技能。
- 符合新职业的个人品质。

工作经历

你要挑选出与新职业相匹配的职责，尤其是可迁移技能或“软”技能，例如：与人打交道的能力、解决问题的能力和做决策的能力，参阅第4章以了解大多数雇主重视的技能。

改变职业方向的求职者的简历样例

约翰·史密斯

×××街道×××镇AA0 0AA

固定电话：00000 000000

电子邮箱：jsmith@anyisp.co.uk

个人介绍

本人曾经担任辅导员，工作尽职尽责，与不同年龄段和能力的人有直接接触，尤其对年轻群体有详细的了解，在志愿部门工作过，具备与公众打交道的丰富经验。

工作技能

- 咨询实践证书。
- 咨询理论证书。
- 为年轻群体提供咨询，帮助其解决不同问题。
- 与社会服务部门合作。
- 抗压能力强。
- 能够处理突发状况。
- 能够与形形色色的人打交道。

工作经历

2012 年至今：××× 大学。

咨询工作者（志愿岗位）

为有困难的年轻群体提供咨询，帮助其解决一系列问题：

- 负责接打求助热线并进行一对一的会谈。
- 与社会福利部门合作开展一般性的工作并解决具体问题。
- 提供住房和福利津贴相关的建议和信息。
- 计划安排事项，将待处理的事项按轻重缓急排序，必要时采取危机干预措施。

2009 年至今：××× 交通有限公司。

患者运输服务司机

为当地健康信托提供驾驶服务：

- 包含两个区的门诊部门、三个诊所和三个日间看护服务中心。

- 提供上门接送服务，协助病患上下车，确保病患舒适、安全。
- 必要时为有特特殊需求的病患提供帮助。

2004—2009年：自由职业。

运货司机

为当地企业运送货物，维护完整的交付记录、日程表和日志。

教育与培训

2009年至今：×××学院。

咨询实践证书

咨询理论证书

1998—2004年：×××学院。

GCSEs：7分，包含数学、英语和计算机。

个人信息

出生日期：1987年8月15日。

兴趣爱好：互联网技术、阅读和游泳。

驾照：持有无不良记录的英国驾照与英国公共服务汽车驾照。

已经有简历的求职者

如果你的简历已经让自己得到了目前的工作，那么你应该略读之前的许多章节。但这一小节是为你准备的，你仍旧需要更新你的简历，不要简单地将当前工作的细节添加到你的旧简历中，而要利用这个机会更新一下整个简历：

- 检查简历整体的排版：

  ——简历在电脑上看效果如何，和纸质版的一样好吗？与上次申请工作相比，你现在在网上申请的概率应该更大。

  ——简历上是否包含了关键词？如前所述，现在你的简历更有可能通过关键词搜索小程序的挑选。有关在线简历的更多信息，请参见第 13 章。

  ——简历排版和字体是否反映了你当前的工作状态？你是否专业？

  ——你的表达能力是否有所提升？
- 将重点放在你的能力以及你当前的工作上：

  ——在页面最上端更新（添加）个人简介，展示你现在的工作能力；

  ——添加相关的社交媒体链接，例如领英；

  ——更新（添加）工作技能板块，包含你在上一份工作中得到的培训和资历；

  ——给当前的工作留足空间，详细描写你所有的相关职责和成就；

  ——修改之前工作的信息，删减简历上 10 年前的记录。
- 故事是否清晰：

  ——当你看自己的简历时，它是否讲述了一个关于你是谁、你从哪里来、你要到哪里去的连贯故事？

——你可以在哪些方面提升或改进？

——你是否可以发现简历中的漏洞或者未能呈现的经验？

——你喜欢、信任和尊重你在简历中描述的这个人吗？

专家点评

当我们在为一个新的购物中心招募时，有人告诉我，她“只是一个家庭主妇”，没有任何工作技能。我们花了10分钟时间就列出了她每天使用的一些技能，例如计划组织能力、谈判说服能力。

——马克·科尔顿，就职于英国就业工作中心

第8章

具体岗位简历撰写要点

不同的工作有着不同的要求。有些需要学历或技术资历，有些需要具体的个人品质，还有一些则需要你的成就记录。你要在简历中强调你的关键技能和品质，表明你适合这份工作。

在写简历时，你要回想招聘广告和职位描述，挑出与其最相关的工作技能，并添加其他你认为有用的能力。你可以在第一页写上关键技能和最重要的信息并在第二页提供详细信息。

文职岗简历

办公室文员能够确保公司顺畅、专业和有效地运营。当文员能力不足时，公司运营会受影响，因此雇主往往会问你是否高效，他实际上是在问你：做事是否有条理？是否能力强？是否足智多谋？是否业务熟练？是否有才华？是否专业？是否乐于助人？

你在申请文职、秘书和行政工作时，应强调：

- 你具备专业的技术能力，能够运用某些软件和设备。
- 你的文职、行政组织技能和经验。
- 你在相关领域的经验，例如处理数据的经验。
- 你业务熟练、值得依赖。

- 你能够与他人共事。

你应该将重点放在下列几个板块。

个人简介

你的个人简介应该尽可能使你看起来熟练和专业。

工作技能

许多文职工作需要许多特定的技能，如文字处理、语言或簿记技能，能够使用特定的软件包，熟悉设备或了解特定流程。你要回顾自己的所有技能，将其与工作要求进行比对，并充分利用你对该工作的了解预测你所申请工作的要求。

工作经验

是经验让人能够胜任工作并让工作顺利运作的，因此你可以在简历中添加一个板块展示你的工作经验。你可以写上一些通用的经验，例如：监督员工完成任务、做计划以及诸如数据处理等特定经验。

工作经历

大多数文书工作十分相似，因此列出的一些职责极有可能重复，所以你需要将重点放在最近的一份工作上，其余的则只需要概括。

文职岗简历样例

姓名

×××街道×××镇 AA0 0AA

电话：00000 000000

电子邮箱：姓名@anyisp.co.uk

个人简介

高级行政文秘兼个人助理，具备记账、上传下达和普通办公室的工作经验，管理过5名员工。本人守时，善于处理不同的任务，是一名值得信赖、做事有条理且高效的员工，并且具备很强的组织和管理能力。

工作技能

提供专业的行政秘书工作支持：

- 熟练使用Windows软件，如Word、Excel、PPT等。
- 具备听力技能，包括口述录音。
- 管理初级文秘，为员工提供培训和支持。
- 行政管理：

——安排日程；

——行政通信；

——分配紧急任务；

——管理库存和采购；

——使用计算机应用程序。

工作经验

管理日常行政事项：

- 提供可靠的服务，确保公司正常运转。
- 熟练数据录入流程。
- 按事项轻重缓急规划工作，包括秘书职责、财务职责和采购职责。
- 采购办公用品，分析和采购性价比高的办公室设备，包括复印机和打印机，节省了数千元的开支。
- 动态观察印刷和文具开销，采取性价比较高的方案。

工作经历

2008 年至今：×××公共有限公司。

办公室经理/行政助理

直接向高级管理层汇报工作，每天独立完成工作，并全权负责日常行政工作：

- 安排会议议程，负责董事会级别及其下属部门会议的记录工作。
- 安排客户接待以及公司娱乐活动。
- 按办公室流程培训员工。
- 协调部门工作日程。
- 付清所有账单、存款，负责发票递送和开销事宜。
- 汇编每月预算报告。
- 提供审计、预算和财务报表。

- 维护计算机系统和机密记录。
- 创建数据库、处理文字和写报告。

2009—2013年：×××有限公司。

办公室经理

2007—2009年：×××公司。

行政助理

2003—2007年：×××有限公司。

部门助理

文书

教育和培训

×××商学院财务管理专业

RSA Stage II（文字处理课程）

RSA Stage III

个人信息

出生日期：1985年1月24日。

兴趣爱好：健美操、游泳和步行。

有驾照，无不良记录。

营销岗简历

营销人员需要确保公司能够卖出产品并赢利。因此你需要问自己是否能卖东西。你还要在简历中强调你过往取得的成就，以及你的以下方面：

- 销售能力。
- 业绩。
- 动力和热情。
- 能力和正直的品格。
- 自信。

在简历中你要专注于以下几个关键板块：

个人简介

介绍你精力充沛、对工作一丝不苟和热情的态度。

主要成就

在简历中留出一块强调你取得的成就：能够达到甚至超过销售目标，增加了营业额和利润，提升了订单数量，吸引了新客户并留住了回头客。

工作经历

详细描述你的业绩，并加上你的知识领域。除销售外，与销售相关的工作经验也十分宝贵。此外，买家更乐意与能够说自己国家语言的销售打交道。

营销岗简历样例

姓名

×××街道×××镇AA0 0AA

电话：00000 000000

电子邮箱：姓名@anyisp.co.uk

个人简介

本人现担任销售主管一职：工作积极主动，在市场开发和区域销售管理方面有超过8年的经验；具备制定专业的营销策略的能力，可以帮助企业提升业绩；能够利用销售培训激励他人完成个人和公司目标。

主要成就

- 激活两个旧产品系列，提升了200%的利润。
- 开发了新产品，将概念变成实物，第一年取得15万英镑的营业额，随后每年的营业额保持25%的增速。
- 将技术支持服务的使用率提高了85%。
- 为销售人员提供销售和产品培训，减少了37%的员工流失率，提高了57%的产品达标率。
- 安排和组织全国展览项目。
- 为公司各级准备和展示PPT，包括向不同的组别展示产品。

工作经历

2010年至今：×××系统有限公司。

地区经理

负责7个零售业务：

- 总利润提升了75%。
- 始终超额完成任务。
- 提升了产品知名度和实现了询价人数增加25%。
- 整体销售额提升了45%。
- 监控销售数据，控制库存和订单。
- 评估和训练员工。

2006—2010年：×××有限公司。

销售经理

负责自己的业务领域和管理5人一组的销售团队：

- 整体利润提升7%～15%。
- 连续达到并超过个人销售目标。
- 开展员工表现评估和培训。

2003—2006年：×××系统有限公司。

销售主管

- 开发新的业务领域。
- 超出目标销量15%。
- 做市场营销推广。
- 促销高峰期实现询价率40%的增长。

1999—2003年：服务于各种岗位。

零售及电话销售

教育和培训

×××大学

理学学士学位

个人信息

生日：1977年10月2日。

兴趣爱好：羽毛球、壁球和骑行。

持英国驾照，无不良记录。

不吸烟。

若有需求可提供介绍信。

技术类岗位简历

技术类员工能够准确熟练地操作复杂的生产流程，因为他们最了解这个过程，因此他们通常也是解决问题的人。

雇主需要知道你业务熟练，具备相应的知识和经验，能够在尽可能不中断生产的情况下顺利接管工作。他们的问题通常是：你能做好这份工作吗？

你应当在简历中强调自己的以下方面：

- 具体的技术技能。
- 资历。

- 在特定领域的经验。
- 可靠。
- 准确。
- 有条不紊的做事方式。
- 组织能力。
- 团队协作能力。

你要充分利用简历中的以下部分：

个人简介

强调你的业务熟练度。

资　历

对于技术岗位的求职者而言，资历十分重要，因此你要在简历中添加一个板块介绍你的资历以及日常的教育和培训。

工作技能

你的技术技能、知识和经验都十分重要，你需要将它们一一写出。

技术岗位简历样例

姓名

×××街道×××镇AA0 0AA

电话：00000 000000

电子邮箱：姓名@anyisp.co.uk

个人简介

一个彻底的、有条理的研究助理，在获取、收集和分析生物数据方面有着丰富的经验，对分子生物学尤其是细胞信令系统兴趣浓厚。

学历

- 分子生物学硕士学位。
- 生物化学学士学位。

工作技能

- 了解聚合酶链反应、单链构象多态性、十二烷基硫酸钠、聚丙烯酰胺凝胶电泳和印迹法。
- 掌握细胞和分子血液学。
- 了解人类分子生物学。
- 具备血液细胞信号传导经验。
- 协调、计划和做实验。
- 分析数据。

工作经历

2010年至今：×××研究中心。

实验室助理

对急性成肌白血病细胞中丝裂原活化蛋白激酶磷酸化的研究：

- 旨在获取特定的研究数据。
- 制定实验流程。
- 收集和整理结果。
- 通过计算机分析初步数据。
- 撰写初步调查报告。

2006—2007年：×××大学。

研究助理

肿瘤学教授的研究助理，研究预测髓细胞白血病患者病理结果的分子特征。

教育和培训

2001—2006年：×××大学。

分子生物学硕士学位。

生物化学学士学位。

1994—2001年：×××学校。

A levels：生物、化学和数学。

GCSEs：9分，修习科目包括数学和英语。

个人信息

出生日期：1983年6月11日。

兴趣爱好：游泳和帆船。

有驾照，无不良记录。

不吸烟。

管理岗简历

管理者需要确保一切事项按计划进行，所有人都能够高效地工作，如果出现问题，那么他们需要发现问题所在，制订解决方案并加以实施。管理者的关键问题是："你能找到解决方法吗？"因此在简历中，你需要展示你具备以下能力：

- 组织和管理部门。
- 发展、激励、领导和支持团队。
- 激励员工。
- 挖掘员工潜能。
- 制定和实施策略。
- 做决定和解决问题。
- 合理应对变更。

你要专注于简历的以下方面。

个人介绍

强调你的管理能力。

工作技能

除具体的专业技术技能外，你还要考虑可迁移管理技能，例如：

- 分析技能：能够权衡事实并做出合理的判断和决定。

- 解决问题的能力：能够权衡问题，分析解决问题的不同手段并找到解决方案。
- 沟通技巧：上传下达的能力。
- 人际关系技巧：激励、影响和说服他人的能力。

主要成就

该板块主要用于展示你过去取得的成果，介绍你取得的一些主要成就和业绩。

工作经历

经验很重要，几乎没有人能够一毕业就进入管理层。你在企业的基础工作十分重要，因此在简历中，你要详细描述你的职责。

管理人员简历样例

姓名

×××街道×××镇AA0 0AA

电话：00000 000000

电子邮箱：姓名@anyisp.co.uk

个人简介

拥有6年计算机系统经验的销售经理，目前负责将美国领先的交互式软件引入欧洲市场。精通人才招聘和有效的团队管理，具备战略规划和实施方面的综合技能。

工作技能

- 计算机销售，包括硬件、软件和外围设备以及交互式系统。
- 负责英国和欧洲市场销售。
- 了解东欧市场和文化。
- 负责销售和技术人员的招聘和培训。
- 与大客户高层进行谈判。
- 在新兴市场工作。
- 会说一口流利的商务德语。

业绩

- 负责管理的团队在3年内将欧洲销售额提升了27%。
- 通过招募和激励员工，将欧洲地区销售额从7 000万英镑增加到了1.2亿英镑。
- 引进新交互式软件，第一年销售额增长了43%，随后每年保持14%的增长率。
- 招募和培训欧洲销售和技术人员，将重心放在不断发展的东欧市场。
- 领导、训练和激励东德销售团队，在18个月内将市场份额从0提升到12%。
- 将最初产品线销售额保持在稳定水平。
- 被专业管理协会评选为“2011年度最佳经理”。

工作经历

2010年至今：××× 软件有限公司。

欧洲商业运营经理

负责管理2.4亿英镑的销售业务，推广新型交互式软件产品，负责欧洲地区所有商业和物流业务。

- 全权负责销售和营销。
- 招募和培训技术销售人员。
- 与东欧和西欧14个地区经销商联系。
- 与各有关部门和地产代理商协商合适的仓储地点。

2003—2010年：×××有限公司。

地区经理

管理英国1.2亿英镑的销售业务，负责英国地区所有的销售和营销业务。

- 负责招募和培训销售团队，使其能够胜任对技术能力要求高的领域。
- 两年内将南部地区的利润提升了15%。
- 外包售后服务以减少管理费用。
- 协商额外的技术支持，以改善客户服务，提升客户留存率。

销售经理

- 制订团队销售预算，分配业务领域和设定营销目标。
- 开展员工评估和培训。
- 连续达成并超过个人营销目标。
- 于2005年取得MBA（工商管理硕士）文凭。
- 于2006年晋升为区域经理。

1999—2003年：×××有限公司。

销售代表

- 销售业绩曾超出销售目标的17%。
- 获得全国十大销售奖和最佳地区销售奖。

教育和培训

×××大学：文学学士学位

×××商学院：MBA。

计算机技能：

精通Windows软件产品，如Word、Excel、PPT等。

个人信息

生日：1976年11月18日。

兴趣爱好：2011—2014年参加伦敦马拉松。

有驾照，无不良记录。

创意类岗位简历

具有创意的人擅长解决问题和提供解决方案，他们能够利用自己的技能和才华取得别出心裁的成果。你要让雇主知道你能够在截止日期前在预算允许的范围内完成任务，否则公司业务会受影响。雇主可能会提的问题是："你能够按时完成任务吗？"你应当在简历中强调以下方面：

- 你对自己的领域有彻底的了解。
- 能够提供有效且具有创意的解决方案。
- 每次都能够取得成果。
- 具备动力和抱负以持续提供高质量的作品。
- 能够独立工作，也擅长团队合作。

在简历中求职者应专注于以下几个方面。

个人介绍

将你描述成一个具有创业能力且专业的求职者。

工作技能

实践和技术能力都很重要。扎实的技术基础能够确保你每次的作品都能别具一格。

主要成就

创造性的工作比较注重成果，你可以在简历中加一个板块来概述你取得的一些成果：在截止日期前完成了创意简报，没有超出预算，对企业发展做出了贡献。

工作经历

工作经历十分重要。你面临的是具有创造性和实践性的挑战，你要在简历中说明如何克服这些困难，以及你在克服困难的过程中所培养的技能和知识。

创意类岗位简历样例

姓名

×××街道×××镇 AA0 0AA

电话：00000 000000

电子邮箱：姓名@anyisp.co.uk

个人介绍

本人为一名展会设计师，富有创造性，熟悉三维立体设计和展示，为当地部门和私人客户提供全面的展示设计服务。

工作技能

- 计算机设计软件。
- 设计、计算规格、制订计划和预算。
- 与内外部客户以及承包商联络。
- 监督施工、布局和收尾。
- 与团队合作，创造独特的“品牌感”。

主要成就

- 设计和规划了十几个主题展。
- 设计了一款富有创造性且简单易懂的“包装和展示”显示系统，让学校巡回展安全且具有吸引力。
- 为博物馆内饰翻新设计、制定规格并监工，留出咖啡馆的空间和溢出区域。
- 在预算范围内按时完成项目，为博物馆做出了很大的贡献。

工作经历

2010年至今：×××博物馆。

展览设计师。

负责博物馆画廊翻新工作：

- 评估展览要求，与馆长和专家联络以达到预期效果。
- 设计和施工。
- 规划和预算。
- 制定材料规格和负责采购。
- 管理施工团队和当地承包商。

2003—2010年：×××有限公司。

首席展览设计师。

展览设计师。

与团队一起为大型中心百货商店设计产品展示和促销橱窗。作为首席展示设计师，负责管理陈列团队并为主要商品设计橱窗。

教育和培训

1999—2003年：×××艺术学院。

艺术和设计文凭

文学学士　3D设计师

个人信息

出生日期：1978年12月8日。

兴趣爱好：地方考古学会会员，地方历史协会会员。

持英国驾照，无不良记录。

工程类岗位简历

工程类岗位让企业能够顺利运营，工作包括维护、仓储、交付、安保等等。如果这些工作没有完成，其他员工就无法完成他们的工作，企业的效率和生产力就会降低。

企业需要有能力、可靠的员工来准确、有效和高效地工作。面试官经常问的关键问题是：你是否可靠？因此，你要在简历中突出强调你的以下方面：

- 实用技能。
- 证书和培训。
- 实践经验。
- 竞争力和可靠。
- 自立和服从命令。
- 灵活和适应性。

你要在以下简历板块展示你与工作的匹配度。

个人介绍

强调你的能力和可靠性。

工作技能

你要专注于你的实践技能，向雇主表明你明白工作要求是什么，你有相应的技能和经验，同时你要附上相关学历证书和培训资格认证。

工作经历

经验对于工程类岗位十分重要，因此你要关注每一份工作的任务和职责以及你具备的知识和能力。

工程类岗位简历样例

姓名

×××街道×××镇AA0 0AA

电话：00000 000000

电子邮箱：姓名@anyisp.co.uk

个人简介

本人为一名电气工程师，经验丰富、专业素养高，从事多种类别的电气工作，包括家用电器、商用电器、工业、电气施工和估算。

工作技能

- 持城市行业协会电气安装证书。
- 新房布线。
- 修理和维护电气设备。
- 为建筑改建、装修和扩建布线。
- 为办公室和制造企业布线。
- 了解电气安保法规。

工作经历

2010年至今：×××电气公司。

首席电工

为2～12人一组的中型项目的负责人，包括为企业和新房布线：

- 制订工作计划。
- 检查产品质量和生产力。
- 提供设计图纸。
- 负责：

——估算；

——制订工作计划；

——记账；

——订购零件和设备；

——库存；

——客服。

2006—2010年：×××建筑有限公司。

电工

2002—2006年：×××建筑有限公司。

电工

××镇×××购物中心建设团队成员。

教育和培训

2000—2002年：×××学院。

拥有城市行业协会颁发的电气安装证书。

个人信息

出生日期：1984年6月1日。

兴趣爱好：爵士乐和其他音乐，登山和地方步行组成员。

有驾照，无不良记录。

不吸烟。

如有需要可提供推荐信。

客户关系岗位简历

客户关系岗位主要工作是和人打交道：销售、处理客户投诉、答疑或者为客户提供帮助和建议（面对面或打电话）。雇主提的关键问题通常是：你是否能够以客户为中心？因此，你要在简历中强调：

- 你擅长与人打交道。
- 采取积极主动的方式提供服务。
- 人际和沟通技巧。
- 影响和说服他人的技巧。
- 能够在压力下保持镇静。

个人介绍

友好、乐于助人和可靠。

工作技能

擅长与人打交道，是公司和公众沟通的桥梁，并写上相关的技术技能。

工作经验

与人打交道的经验。

工作经历

与客服相关的职责。

客户关系工作简历样例

姓名

×××街道×××镇 AA0 0AA

电话：00000 000000

电子邮箱：姓名 @anyisp.co.uk

个人介绍

本人为一名旅游咨询师，经验丰富、为人友善，喜欢与人打交道，希望为客户提供最佳假期体验。

工作技能

- 耐心和机智，具有良好的听力技巧。
- 具备良好的人际交往能力，包括面对面沟通、电话沟通和电子邮箱沟通等。
- 在压力下能够保持镇静和条理。

- 五官端正。
- 能够持续学习产品知识和提升个人技能。
- 打字快速、准确，具备良好的计算机技能。
- 了解旅游地理相关知识、旅游和健康要求以及护照、签证及其他旅游证件办理要求。

工作经验

- 从事咨询行业4年，为普通和商务旅客提供咨询服务。
- 答疑和提供信息。
- 为旅客提供建议和选择。
- 高效地处理问题、质询和投诉。

工作经历

2010年至今：×××旅游公司。

旅游顾问

与团队共同处理客户质询和预订服务，包括包装、空陆联游、假日游以及商务游。

- 根据客户的需求和期望提供适合的目的地、路线、旅行方式以及其他旅行相关的建议。
- 为商务旅客提供信息和建议，经常在很紧迫的时间内完成预订。
- 必要时提供旅行所需的相关证件等。
- 检查并确认航班和住宿的时间安排、预算要求，负责旅行的汽车租赁。

- 高效处理现金交易，包括取消或更改预订。
- 连续达成并时常超过公司目标。

教育和培训

取得旅游管理文凭。

旅游管理课程涵盖了旅游的各个方面：

- 全球旅行与地理。
- 机场注意事项。
- 特色旅游景区。
- 财务。
- 旅行服务。

语言技能

- 法语。
- 西班牙语。

计算机技能

- 熟练操作 Windows 10 系统。
- 熟练使用标准商业软件。
- 熟练使用旅游产业标准软件。

个人信息

出生日期：1990年9月19日。

兴趣爱好：艺术和艺术品，水彩画，地方戏剧社成员。

有驾照，无不良驾驶记录。

不吸烟。

专家点评

职责描述就是我们雇主的要求。尽可能将你的技能和优势在简历中展现出来。如果你的个别项目没有完全匹配的经验和技能，那么你可以用工作以外的其他类似的经验替代。通常入围面试的人都有与工作要求相符的技能。

——玛吉·费洛斯，英国西南劳工联合会项目经理

我们寻找能力强的候选人，希望他们能够提供以往工作的证明，这些证明只要是最新的就行，不一定是从工作中获得的，也可以来自生活的方方面面。

——罗伯特·约翰逊，英国西南咨询调解和仲裁局区域总监

在招聘时，我们通常需要一次性阅读50～60份简历。我们不可能每一份都细看，因此你需要将最相关的信息放在简历的最前面，这样更容易被选中。

——戴维·贾尔斯、纳塔莉·威尔肖和保罗·特纳，就职于西地直升机有限公司人力资源部

不要盲目地投简历，而要针对你申请的岗位投简历。这有点儿像销售，你要告诉雇主他们为什么要挑你而不是其他候选人，你能为他们做什么，他们雇你有什么好处。

——黛比·麦克艾克，劳斯莱斯资源中心经理

第9章

工作申请表

一些机构更喜欢用公司统一的工作申请表而不是求职者自己准备的简历，主要有以下原因：

- 标准化的模板方便雇主快速扫描。
- 雇主更容易看出求职者是否具备关键的技能。
- 雇主能够看出不一致或有遗漏的地方。
- 真正想要申请这份工作的人才愿意花时间填写，与坐下来填写一份冗长的表格相比，发送一份简历显然比较容易。

还有一些雇主认为使用工作申请表相对公平一些，因为部分求职者比较擅长写简历。

你需要花时间认真填写工作申请表，并利用工作申请表获取信息和灵感。在开始填写前，你需要注意以下几点：

- 通读一遍工作申请表，记下要求，例如，“先列出最近的工作”。
- 如果是纸质版的表格，你可以多拿一张打草稿。
- 将网站上的表格复制粘贴到Word文档中填写，这样你可以检查拼写以及语句是否通顺，还可以叫别人帮忙修改。将申请表下载下来的另一个好处是，之后你还可以继续使用。

- 如果你在线填表格（一些网站不允许你复制粘贴），那么你可以采取一些方法先保存表格内容，等你有时间的时候再慢慢填写，这样你就不用一次性填完，也不会太匆忙。
- 申请表通常需要和其他材料一起寄出，你需要准备好一份描述符合工作要求的自身说明、简历以及其他需要上交的材料。
- 每一个板块都要填写，不能空着。如果你在某些板块确实没有相关的经验或技能，就在表格里写上"不适用"。
- 千万不要在申请表中写"见简历"。公司发放申请表的目的就是让信息更加规范，因此要求雇主阅读你的简历是没有意义的。
- 填写完毕后，复印一份，留着面试的时候使用。

申请表各板块填写须知

大部分的表格都有以下板块：个人简介、教育背景、工作经历、工作要求、个人陈述、推荐人、声明。各板块具体填写须知如下。

个人简介

你的名字、地址和联系方式，公司还可能会要求你填写：

- 驾照信息。
- 是否有工作许可证。
- 是否有犯罪记录。
- 兴趣爱好。

如果雇主要求驾照没有不良记录，而你的驾照被扣分了，那么你必须说明。如果你没有驾照，但有一张临时驾照，也可以将其填写在申请表中。

如果企业需要工作许可证或其他证书，那么你只需要在寄申请表时附上证书复印件，不用寄原件。

如果你有犯罪记录，那么你需要额外加一张纸写清前因后果并用信封装好和申请表一起寄出。

如果申请表上有问到你的兴趣爱好，那么你填写的内容最好是和工作相关或者比较特别的。可参考第5章“拟写简历”中的“个人信息”一节。

教育背景

该板块要求你提供教育和培训的详细信息，例如：

- 你在高中或大学阶段所在院校。
- 你的在校日期。
- 你的学习类别，全日制或在职。
- 你的课程名称。
- 你取得的证书。

你不要写初中以前的经历，可以写离校后接受的教育，这比前者更重要。

工作经历

从你现在的职位开始写，写上你前雇主的名字、公司地址以及你工作的日期和职称，最重要的是你的主要工作职责。这一板块相当于简历中的工作经历板块，尽量让你的职责贴近你所申请工作的职责。

工作经历中不能留有时间间隔，尽管在某个时间段你没有工作也需要写一些东西，例如在间隔年旅游或抚养孩子。

申请表可能会需要你填写离职的原因，而简历中是不需要你考虑这一项的。你要确保给出的离职原因是正面的，将重心放在“拉力”而不是“推力”上。例如，如果你离职的原因是觉得前一份工作很无聊，没有升职空间，那么你可以转变一下说法：自己想要一份更具挑战性的工作，能够承担更多的责任，能够获得更大的升职空间（参见表9–1）。

表9–1 申请表——工作经历板块

日期：从×××到×××	雇主的姓名和地址	职称和简短地描述工作职责	离职原因
1999年至今	×××有限公司 ×××道路 ×××镇	地区销售经理 完成销售预测，开发市场，做区域预算，按事项的轻重缓急来安排顺序，为销售团队提供培训	希望在大公司寻找一份更具挑战性且晋升空间更大的工作

申请表可能要求你填写以往的工资信息，你要将所有能够算作工资的收入写进申请表，例如：奖金、佣金、加班费和津贴。

工作要求

近来，申请表中多了一个板块：罗列公司的工作要求，并要求求职者简要地描述自己是否符合每一项要求。陈述自己的经验和取得的成就能够展示自己的能力。针对每一项能力，你都需要罗列一些要求。如果这一板块是空白的，那么可能意味着你在初选扫描阶段简历被拒（参见表9–2）。

表9–2　申请表“工作要求”板块样例

简要描述你与下列工作要求的匹配度，如有需要可以加一张纸	
团队领导能力和积极性	担任队长3年，领导6～8人的团队；带领团队获奖；激励团队，目标超额完成15%；引进奖金激励计划，员工流失率减少20%
设计和提供培训项目	过去三年为350名员工提供训练；为员工设计和提供项目，花两周时间将新入职员工培养成为能够上岗的员工；设计定期的产品更新项目
了解国家职业资格能力框架	帮助50名员工通过国家职业资格二级至四级考试

也有可能申请表中会要求你填写使用相关技能以及依托个人品质完成相关工作。例如：“在下方空白处描述你在高压状态下与他人合作达成某个目标的情形”或“描述一下你曾经处理公众投诉的情形”。

采用STAR法则回答，能够让你的回答更加全面，结构更加完整：

- 情境（situation）：事情是在什么情况下发生的？你在其中扮演的角色是什么？

- 任务（task）：你的目标是什么？目标可能会有多个，甚至有些冲突。例如：在短时间内组织一场说走就走的巴士游，并确保游客玩得尽兴。
- 行动（action）：为取得比较理想的结果你采取了哪些行动？
- 结果（result）：结果是什么？在这一过程中，你是否遇到困难，你是如何应对的？为什么能取得好的结果？

尽可能让你的回答贴近你所申请的工作。你还要找一些能够展示你团队合作以及独立自主精神的例子。如果这些例子能够同时展示你的价值（如人际交往能力、计划和组织技能），或者能展现你的个人品质（如正直、积极向上和灵活多变），就更加完美了。

个人陈述

通常在申请表中这是一张空白页，问你是否有补充说明来支撑你的申请表。

许多人都会选择不填，但这是一个突出你相关工作技能和成就以及强调你匹配所申请工作的机会。你可以写上：

- 你的工作技能和经验。
- 你与所申请工作的匹配度。
- 你的相关业绩。
- 你在工作外获得的经验和技能。
- 你申请这份工作的原因。

你可以参照工作要求中的每一个要点来写，让你的技能和经验尽量贴近工作要求（参见表9–3）。

表 9–3　将自己的技能和取得的成就与公司的工作要求做一下对比

公司要求	我拥有的经验或技能
从事秘书工作至少两年	三年秘书工作经验和两年文员工作经验
掌握法语或德语	中德双语秘书文凭，能讲法语和英语，曾在法国进口公司当过运务员
熟练掌握微软办公软件	熟练使用Word、Access、PPT和Outlook Express等办公软件
具备良好的打字能力	打字速度70字/分

将你打的草稿组织成一段文字，再添加一些相关细节：

目前，我在一家公司担任部门经理助理，在秘书工作岗位有三年的工作经验。我精通法语，在城市行业协会取得了中英双语秘书文凭，同时在一家法国进口公司（×××有限公司）担任运务员两年，为法国经理工作，用法语接打电话，与中法客户联络。

思考一下你为什么要申请这份工作，而不是考虑离开前一家公司的原因。这份工作能够带给你什么，原因可能包括以下几点：

- 新的工作更具挑战性。
- 能够承担更多的责任。
- 有更大的发展和晋升空间。
- 能够运用自己的技能。
- 公司的声誉。
- 职业发展的需求。

例如：目前的工作让我在过去一年学习和发展了簿记技能。这份工作很具吸引力，我希望能够找到合适的岗位并充分发挥我的技能。贵公司的岗位恰好符合我的预期，能让雇员承担更多的责任并提供了和小型专业团队密切合作的机会。

推荐人

申请表上通常要求求职者提供推荐人，但一般是在发了入职通知后雇主才会做此要求。新雇主通常会让你目前的雇主以及你的朋友或同事写推荐信。你可以在申请表上提供他们的信息，但如果你不想让你的雇主知道你在申请别的工作，那么你可以在申请表上注明。

声　明

声明是申请表的最后一部分，要求申请人声明自己所填写的信息都是准确的，没有隐藏任何可能会影响申请的内容。在落款处，你还需要签字和填写日期。

记得要签名，请不要遗漏这一最重要的细节。

如果你在申请表中填写的信息是虚假的或是具有误导性的，那么公司会收回入职通知，公司有这个权利，所以不要撒谎。

填写完毕后，你需要将申请表和求职信一起寄出，还需在求职信中简要地罗列要点（下一章会具体介绍求职信该怎么写）。如果公司没有提供回邮信封，那么你应该在截止日期前用白色A4信纸寄出。

专家点评

要充分利用空白页，你可以使用小标题和项目符号更清晰地展现你的技能。企业列出的工作要求会提示你应该写哪些要点，你可以参照执行并说明你与每个要求的匹配度。

——玛吉·费洛斯，英国西南劳工联合会项目经理

第10章

求职信

无论是在线发送还是邮寄简历，你都要附上求职信。这是一个突出你简历要点以及说明你符合工作要求的好机会。给人留下良好印象的求职信能够确保你的简历得到更多的关注。和简历一样，求职信要简洁且与招聘岗位相关，并看起来专业和易读，这意味着你要注意求职信的以下几点：外观，排版和内容。

电子邮件

不要因为是发电子邮件就随意写，无论是哪种投递方式，你都需要认真构思。通过邮件发送的求职信要和邮寄的求职信一样，请注意以下几个方面：

- 思考一下你想要写什么，如何组织语言？
- 检查拼写、语句，英文简历需要检查语法。
- 针对不同岗位求职信要有所变动，不能简单地复制粘贴后同时投给十几家公司。
- 以邮寄求职信的标准仔细检查。

你的名字、邮箱地址和申请日期应该写在页面的最顶层，紧接着写你的主要成就、工作技能和业绩，而不是写具体的联系方式

（如果需要的话，你可以在文末加上）。

邮件“主题”一栏写上有价值的关键词，能够吸引雇主注意。但你要注意把握分寸，保持信息的清晰和专业性，包括你申请的职位和申请编号，例如：

主题：现场销售经理。

主题：具备7年的使用Java、Linux系统和C++编程经验。

主题：中国和亚洲市场的出口专员。

你要确保你的关键信息能够被预览，让雇主愿意往下读。

邮件求职信样例

收件人：jsmith@abcltd.com

抄送：

主题：申请编号K121　销售经理——具备丰富的IT经验

亲爱的史密斯先生：

我想申请高级销售经理一职，我在“销售工作”的网站上看到贵公司的招募广告。

我的主要业绩有：

- 负责三个上百万英镑的项目。
- 将×××公司在IT行业的渗透率提升25%。
- 将×××公司的利润提升11%。
- 将×××公司的市场份额提升了15%。

我在销售管理岗位有出色的表现，尤其在IT领域并为该领域的大公司工作过。

我乐于助人、细心、点子多，做事果决，同时具备实用的管理技能：

- 领导专业团队完成几个市场营销项目。
- 全权负责四个主要产品发布。
- 为销售的各个阶段制定发展策略。

希望有机会能与您进一步沟通，期待您的回信，完整简历见附件。

约翰·布朗

电话：00000 000000

外观、排版和内容

雇主通常只会粗略地浏览邮件，尤其是求职信。为了让信息一目了然，你需要：

- 保持页面整洁、便于阅读。
- 留出一些空白，例如留出页边距和段间距，使其显得更加美观。
- 保持段落简洁，两个短段比一个长段更好——密集的文字会让人反感且难以阅读。
- 尽管这是一份求职信，你也可以使用项目符号来化解密集的段落。你可以使用项目符号列出自己的技能，这样能够突出你的具体技能、主要成就和工作经历。

- 任何拼写或语法错误都会很明显，因此你一定要多检查几遍。

内 容

- 你在写求职信时最好称呼对方姓名，而不是“尊敬的先生或女士”。
- 力求语言清晰简洁。
- 多次检查语法和拼写。
- 使用普通的商务用语就好，不要故意用一些古语，例如“兹因”“兹悉”。
- 语言要积极热情，避免使用模棱两可的词，例如“也许”“大概”“希望”和“期望”。
- 针对申请的不同职业，求职信的内容要有所变化，以符合工作要求。

尽管大多数简历和求职信是通过电子邮件寄出的，但不能轻视邮寄。当收到一封整洁且署了雇主名字的信封，信封内是同样整洁且精美的简历和求职信时，雇主对你的印象会更加深刻。

你可以通过求职信给雇主留下良好的第一印象，你需要：单面打印简历；选用清晰易读的字体，字号选用11或12号；求职信的字号、字体和简历保持一致；每次申请工作都需要重新打印求职信；用白色的A4纸，最好是100克重的；将你的简历和求职信（无须装订或折叠）直接装在白色的信封里。

排 版

用标准求职信的格式排版，如下所示：

求职信样例

（你的地址）

×××街道

×××镇

×××国家AA0 0AA

固话：00000 000000

移动电话：00000 000000

电子邮箱：姓名@anyisp.co.uk

2018年1月1日

收件人姓名

职称

公司名字

公司地址

AA0 0AA

回复：人事部经理，申请编号34 WT

亲爱的史密斯女士，

求职信主体：____

____

____

祝好

签名

姓名

怎么写求职信

求职信一般分四段。

第一段

写信的目的。如果是应聘公开招募的岗位，那么你可以写应聘的岗位以及你是在哪里看到招聘广告的。如果是一封私函（参见第14章“求职策略”），你要先简短地介绍写求职信的原因，最好与之相关。例如：

- 我在今天的《晚间时报》上看到贵公司的招聘广告，希望能够申请个人助理一职。
- 申请编号34WT，项目经理。我在本月发行的《工程时报》看到上述岗位招聘，希望能够申请项目经理一职。
- 在昨天的《晚报》上贵公司透露在×××镇开分公司的计划，我对此十分感兴趣。
- 首先祝贺贵公司与×××公司达成新交易，我在本月的《公报》上了解到该消息。
- 我在“今日工程”网站上了解到贵公司拿到了制造×××工程系统的新合同。
- 很高兴在最近的“今日商业”展览会上见到您，并了解到您公司最近的发展状况。

第二段

这一段的目的是说服雇主你能为他们公司做贡献，可以写上你的相关技能、经验和业绩。如果这是一封非公开招募的求职信（参见第14章），那么你可提及你感兴趣的岗位。你可以将这一段分成两三个小段，方便雇主阅读。例如：

- 我在×××有限公司担任了三年的计算机部门经理，具备大型操作系统转换的经验。在任职期间我对财务部门进行了重组，有效处理了以下问题：在部门重组期间保持效益增长率，设计行之有效的训练手册，在重组期间让员工顺利过渡。
- 在我的简历上你可以看到，我与不同的人员打交道，包括消费者、人力资源和财务。我在策划富有创造力和想象力的宣传活动方面具备丰富的经验。您应该会对×××宣传活动感兴趣，我将其策划案添加在附件里了。该宣传活动的答复率为22%，已达到该公司的最高水平。
- 我具备以下工作技能：优秀的管理技能，一流的行政服务能力；能够按照事情的轻重缓急，完成工作任务；能够高效地完成标准工作流程。
- 我最近的工作是组织和监督员工培训，让公司所有员工都能用微软软件办公，这一举措大大提升了部门工作效率。

第三段

阐明你申请这份工作的理由，原因要尽可能正面、具有说服力；

强调你能够为公司做出哪些贡献，而不是新的公司能够为你提供哪些福利。例如：

- 我目前在×××营销机构工作，但我非常想回归生产部，这样我的技能和经验就能够得到充分发挥，贵公司恰好能够为我提供这样一个机会。
- 我很喜欢在×××公司工作，并且感谢它培养了我的行政管理能力。但是，我希望自己能够发挥更大的作用，贵公司提供的机会正是我所寻找的。
- 我希望寻找一个能够提供继续教育和发展机会的公司，能够让我在该领域有所发展。因此，我对贵公司的空缺岗位十分感兴趣。

第四段

第四段收尾要尽可能简洁，抒发一下你对这个岗位的喜爱。例如：

- 我希望有机会与您进一步讨论我的工作申请，期待收到您的回复。
- 我很乐意与您详细讨论我的工作申请，期待收到您的答复。
- 我希望能够有机会与您当面讨论我的工作申请，我会与您的内勤联系，约一个您方便的时间。

广告招聘求职信

（你的地址）
×××街道
×××镇
×××国家AA0 0AA
固话：00000 000000
移动电话：00000 000000
电子邮箱：姓名@anyisp.co.uk
2018年1月1日

简·史密斯
人资部经理
×××有限公司
×××街
×××镇AA0 0AA

回复：市场营销部经理，申请编号34WT

史密斯女士您好：

在本月《零售导览》上，我看到贵公司在招募营销经理，我希望能申请该职位。

如我简历中所述，我在营销方面具备丰富的经验，例如，我在×××有限公司工作了三年。我对产品规划尤其感兴趣，并研究了几条有利可图的产品线的市场空间。

目前，我在×××公司工作，该公司主营产品研究。但是，我希望能够回归消费者市场，我相信自己在这一领域才能最大程度地发挥工作技能，因此我对您提供的岗位十分感兴趣。

我非常乐意与您详细讨论我的工作申请，并期待能收到您的答复。

J. Brown

约翰·布朗

非公开招募求职信样例

（你的地址）

×××街道

×××镇

×××国家AA0 0AA

电话：00000 000000

移动电话：00000 000000

电子邮箱：姓名@anyisp.co.uk

2018年1月1日

简·史密斯

高级协调员

×××培训有限公司

×××街×××镇AA0 0AA

史密斯女士您好：

我在今天的《晚报》读到贵公司的片区新教育计划，我想问贵公司是否有招募具备辅导员资历的成人识字和算术老师。

如我在简历中所述，我与来自不同背景的人有过多次合作。自2012年以来，我一直参与×××中心的成人扫盲计划，担任辅导员一职，同时还担任×××基金会志愿者顾问。

我在城市行业协会取得了基础教育教学以及咨询实践文凭，同时，我参加了×××大学的成人扫盲课程，并在×××基金会接受咨询培训。

目前，×××中心的项目已接近尾声，我迫切地希望能够继续发展我的职业，并充分发挥我的工作技能和经验，您的公司恰好能够提供这样一个机会。

我希望有机会能更详细地和您讨论，希望收到您的答复。

J. Brown

约翰·布朗

如果你所申请的公司有一份好的招聘广告或工作描述，那么你的这份求职信就很容易写了，你需要做的就是确保自己符合公司的要求。

个人助理

一家小型环保公益组织招募一名经验丰富、成熟的个人助理，提供行政和秘书工作支持。应聘者必须具备良好的组织能力和打字技能，目前组织内使用的是微软办公软件。此外，应聘者必须具备较强的电话沟通能力，能够答复公众询问。具备簿记和制作报表的经验是员工的一个加分项，但如果不会也没关系，上岗后我们会为员工提供培训，但员工必须工作自觉主动。

在本书第3章，有一节专门讲如何使用招聘广告提升简历。你可以从招聘广告或者工作描述中，挑出关键的要求与你自己的工作技能和经验做一下匹配（见表10–1）。

表10–1 雇主要求与自我匹配

雇主要求	我具备以下技能或经验
行政和秘书工作经验	目前的工作是行政助理
成熟稳重（包括年龄或态度）	在行政岗位具备三年以上的工作经验
具备组织能力	组织安排行政工作，包括日常联络、安排会议以及预约等事项
自觉主动工作	能够制订工作计划和做好时间分配，能够自觉主动地完成日常行政事务
计算机技能，最好熟练使用微软办公软件	工作时使用Word文档和Outlook Express，并使用Excel记账
良好的沟通技能	与同事和其他部门联络，之前在零售部工作，常常需要与顾客打交道，为顾客答疑并提供帮助和建议

（续表）

雇主要求	我具备以下技能或经验
自信的电话沟通技能	处理部门电话和质询
雇主青睐具备以下技能或经验的应聘者	我具备以下技能或经验
能做基本的簿记工作	地方历史协会财务主管
熟悉报表	同上
与公众打交道的经验	同上
理解并关心环境问题	对该工作感兴趣的原因：对环境问题感兴趣，是林地保护志愿者基金会的活跃成员

一旦你清楚自身的能力如何能够与所申请工作要求相匹配时，写求职信就十分简单了——你只需要抓取有用的信息并组织成可读的形式即可。

（你的地址）

×××街道×××镇

×××国家AA0 0AA

固话：00000 000000

移动电话：00000 000000

电子邮箱：姓名@anyisp.co.uk

2018年3月1日

简·史密斯

人力资源部经理

×××基金会

×××街道AA0 0AA

简·史密斯女士：

在本周《每日广告》上我看到贵公司招募个人助手，我希望能申请到该职位。

目前我在×××有限公司担任行政助理，在该岗位具备三年以上的工作经验。

您在我随附的简历中可见，我的工作职责主要是处理日常行政工作，包括写商务信函和报告、处理来电质询、安排和组织会议、安排预约工作、上传下达，联络确保部门顺利运作。我能够合理安排时间和工作并自觉主动完成工作。

我具备很强的计算机技能，在日常工作中我运用的是Word文档和Outlook Express软件，同时作为当地历史协会的财务主管，我能熟练使用Excel表格做报表。

由于工作要求，我需要同同事和其他部门联络，接听来电咨询，这培养了我的沟通技能。此前，我还在零售部门工作了三年，与公众打交道，学习如何回答询问并对其提供帮助和建议。

我很喜欢我在×××有限公司的工作，但是我对环境问题更感兴趣，我是当地林地保护志愿者信托基金会的活跃成员，因此对您提供的工作我很感兴趣。

我很乐意与您详细讨论我的工作申请，期待收到您的答复。

J. Brown

约翰·布朗

专家点评

在求职信中，你可以用项目符号来突出你的关键技能。实际上这是一个很好的方式，雇主只需扫一眼就能够了解到你的简历是不是他想要的。

——黛比·麦克艾克，劳斯莱斯资源中心经理

简历通常比较严肃，陈述的大多是一些事实，而求职信则通常会夹杂一些个人情感。阅读求职信更像是在读一个人而不是在读一张纸。雇主需要了解求职者能够为公司创造什么价值，以及他们的背景和经历。

——戴维·贾尔斯、纳塔莉·威尔肖和保罗·特纳，就职于西地直升机有限公司人力资源部

第11章

电话求职

求职中的电话是一个强有力的工具。如果发简历或者电子邮件，那么你需要等待答复，但如果打电话，你就能立马知道雇主是否对自己感兴趣。

打电话的目的分为以下几种：获取职位相关信息；询问是否有岗位空缺；电话回访；电话面试。

不管出于什么目的，基本要点对所有打电话的方式都适用。在拿起电话前请确保：你知道对方的名字，除非你打电话的目的是获取该信息；你了解所有需要的相关信息，如招聘广告、简历、工作描述和公司信息等等；你知道自己要说什么，最好事先写下要点；准备好一个记事本，方便预约；有可以做笔记的本子；打电话的环境无人打扰。

你在打电话时要做到：保持微笑，微笑可以让你的声音听起来更柔和放松，即便是在电话中你也可以展示你的魅力；对方在讲话的时候你不要喝水、抽烟或者嚼口香糖，要保持专业的态度；做笔记，笔记对你有帮助而且能够展现你的能力和专业态度。

打电话获取职位相关信息

如果你看到的是招聘广告，那么你通过打电话可以咨询到更多关于公司的信息或者要到申请表。有些公司通过电话先筛选申请者，它们可能会让你做一个简短的电话面试看你是否适合该岗位，因此你需要确保在面试前一切都准备就绪。

当你打电话的目的是询问信息时，你需要：

- 首先说明你打电话的原因——“想了解×××岗位是否有空缺”，以及你是在哪里看到的。
- 询问你想要的信息：一份工作申请表，一份工作描述，其他信息，以及如何和相关部门的人员联系。
- 询问你填好的申请表和简历应该发给谁。
- 记下相关人员的姓名和分机号并让对方拼写出名字。

例如：下面这一段是打给公司前台的电话内容。

你好，我打算应聘本周在《北安普顿广告》上刊登的客户关系主管岗位。您能帮我转接人力资源的电话吗？我的名字是约翰·史密斯。

你好，我是约翰·史密斯，我想咨询刊登在本周《北安普顿广告》上的客户关系督导岗位。请问您能发一份工作申请表格及工作描述给我吗？我的地址是：森林路43号，丁斯菲尔德区，北安普敦郡，邮政编码是×××。

打电话询问是否有岗位空缺

这与之前给未公开招募的公司写求职信的性质相同（参照第14

章“求职策略”)，两者的目的都是获得能够得到和人力资源面谈的机会。

当你打电话时：

- 首先要计划好，想清楚你打电话的原因和你能为公司创造哪些价值。
- 记下相关人员的姓名和电话，名字可以让对方拼写出来。
- 如果你要找的人不在，那么你不要留言而是询问何时能够回电。
- 确保对方时间充裕，如果对方不方便可以重新约一个时间打电话。
- 说明你是谁以及打电话的目的。
- 你需要明白你能够为公司创造哪些价值，而不是让对方帮你思考。
- 坚持而不固执，自信而不自满。
- 给对方提供备选项：“我可以下周打电话给您，您看下周二或周三方便吗？”
- 如果对方没有给你面谈机会，那么你可以试着拿一下“安慰奖”，例如询问：自己可否下次再打电话回访，自己可否发简历给对方，对方可否提供其他公司或部门的联系人，以及对方可否提供该公司常用的第三方招聘机构。
- 无论结果如何，你都需要感谢对方愿意抽出时间接听你的电话。

下面是一些比较成功的方式。

等确认对方是你要找的人再开口

A：早上好，××× 金融公司，有什么能够帮您的？

B：早上好，我想咨询一下贵公司是否有行政文员岗位空缺。

A：据我所知目前没有岗位空缺，如果有招聘的话我们会刊登在《晚报》上，你可以去看看。

询问联系谁

A：早上好，××× 金融公司，有什么能够帮您？

B：早上好，您能告诉我贵公司负责人力资源的人是谁吗？

A：好的，是人力资源部的艾莉森·霍普。

B：她在公司的职位是？

A：霍普女士是人力资源部经理。

B：谢谢，您能帮我转接霍普女士吗？我是约翰·史密斯。

如果要找的人不在，等他在的时候再回电话

A：早上好，××× 金融公司，有什么能帮您？

B：早上好，我是约翰·史密斯，请问您能帮我转接人力资源部经理霍普女士吗？

A：对不起，她办公室电话现在无人接听，我能帮您捎个口信吗？

B：谢谢，我觉得当面和她聊比较合适。我待会儿再打回来，请问大概什么时候她会在办公室呢？

A：午饭后可以再打个电话，大概一点半或两点。

B：谢谢，我待会儿再回电话，再见。

不要过早放弃

B：您好，请问是霍普女士吗？我是约翰·史密斯。请问您有五分钟听电话的时间吗？我是一名经验丰富的行政文员，对贵公司使用的软件十分了解，希望能和您当面交流看是否有合适的岗位。

A：对不起，目前没有岗位空缺。

B：好的，那之后是否有招聘呢？如果可以的话，我希望能和您当面交流一下。您下周有时间吗？

A：下周一下午三点半可以吗？

B：可以，您的办公室在哪呢？

A：你到了公司以后问一下前台。对了，顺便带一份您的简历。

B：好的，下周一下午三点半我会带着简历来找您，您公司正门是在安斯利路对吗？下周一见。谢谢，再见。

如果你没有得到面谈的机会，试着拿些“安慰奖”

A：没有，目前公司不景气，你来我们公司也没有什么用处。

B：好的，我能不能发一份简历给您，上面有我的相关资料，如果公司经济好转需要人的话，那么您可以联系我。

询问其他部门或公司的联系方式

A：没有，目前公司不景气，你来我们公司也没有什么用处。

B：好的，那您知道其他部门或公司需要人手吗？

A：我们的供应商好像最近缺人，应该是暂时的，但你可以问一下×××供应商，他的电话是00000 000000。

B：谢谢您，这一信息对我很有用，我应该联系谁呢？

A：可以联系朱莉·史密斯，她应该是负责招聘的。

你如果经过一番努力后还是没有结果，也不要责怪自己或者灰心丧气。你每打一个电话都能增加自己的经验和成功的可能性。

电话回访

你如果是给未公开招募的公司投简历，那么一定要回访，以获得对方答复。

电话回访和之前打电话需要注意的事项大同小异，你要知道公司已经有你的简历和求职信了。

- 如果你在求职信中写了“我过几天会打电话给你”或者“下周一或周二打电话给你”，那么你要遵守时间，在那个时间段给对方打电话。
- 准备好简历和求职信。
- 准备好简历提纲，对方可能已经忘记你的简历中写了什么或者还没来得及读你的简历。
- 如果对方已经读了，那么对方可能会问你相关问题。
- 最好面谈，不要在电话中聊天。

下面是一些例子。

解释你打电话的目的

您好，请问是尼古拉斯先生吗？我是约翰·史密斯。我上周给您寄了我的简历和求职信，在信中我阐明了我对贵公司的价值。我是一名经验丰富的销售员，对农业市场有充分的理解，在该领域取得了一定的成就。如果可能的话，我希望和您当面聊一下，看贵公司是否需要人手。

对方可能没有读过你的简历

A：我还没来得及读你的简历。你是什么时候发给我的？

B：没关系，我能理解，您工作一定很忙。我可以拜访贵公司和您面谈。

A：目前我们公司没有职位空缺。

B：好的，不知道贵公司之后是否有职位空缺呢？如果可以的话，我希望有机会拜访贵公司。下周您有时间吗？

A：行，但你要清楚目前我们公司没有空缺，下周一下午三点半如何？

B：好的，那么下周一下午三点半见，非常感谢，再见。

做好回答问题的准备

A：我已经看过你的简历了，它给我留下了很深的印象。你在简历中说自己在×××公司做过兽医设备和用品的销售是吗？

B：是的，我负责引进新的菲力高产品，引进产品后的第一年我在西南部区域达成了销售目标的43%。

尽量不要在电话中面试

A：听起来很不错，如果产品是饲料的话，那么你需要多久时间能取得类似的成果？

B：在电话中讲不清楚，要不然我来见你怎么样？你下周有空吗？

电话面试

关于电话面试可参阅第19章“其他面试问题”。

注意事项

你在找工作的时候，可能不时会接到对你简历感兴趣的公司的来电，所以你一定要在接听电话前查看是哪家公司，这样你会显得更专业，且不那么慌张。

在打电话之前，公司一般先会发一个邮件给你说明公司会什么时候打电话给你，面试人员是谁以及其他一些事项，让你有一个心理准备。

如果它们没有事先通知，那么你也不要慌张，记下是哪家公司打来的和它们的电话号码。

如果可以的话，你最好找到你的简历和其他有用的信息，拿在手上以免这种事情发生。打电话的人不会指望你像在正式面试时那样做好准备，但你也要尽量避免只回答是或不是。在回答问题的时候，你要保持热情和积极的态度，并和对方保持互动。

如果你所在的地方不方便接电话，那么你可以告诉对方并询问是否可以过几分钟打回去。在最短的时间内找到一个相对安静的环境再打电话给对方，这个方法在信号不良的环境下同样适用。

如果你知道对方会打电话给你，那么你需要提前做好准备：

- 检查语音信箱消息是否听写起来专业，如果语音信箱中没有留下你的名字，那么你要重新录一条带上你的名字，这样对方才能知道自己没有打错电话。
- 如果是固定电话，那么你要告诉所有可能会帮你接电话的人你有一个很重要的电话，让他们有个心理准备，例如家人、舍友等。
- 如果你只提供了手机号码，请务必保证手机开机且电量充足。

专家点评

大多数雇主都会和打电话咨询的求职者聊上一会儿，尽管大多时候只是告诉求职者公司有岗位空缺，但求职者首先要做的是询问雇主是否有时间。

——玛吉·费洛斯，英国西南劳工联合会项目经理

第12章

求　职

现在，你具备所有求职所需的工具了。你的简历具有说服力，你已经学会写求职信和自信地打电话了。本章和接下来的两章将会介绍如何有效地运用这些工具。无论是通过在线简历库、机构还是其他求职方式，你都要将简历呈现给雇主并尽可能让对方给你提供面试机会。

求职三步骤

求职可分三步，每一步都决定了求职的成败。

- 步骤一：尽可能多地找一些空缺岗位。
- 步骤二：面试。
- 步骤三：拿到入职通知。

如果你在第一步止步不前，没有找到更多可申请的工作，那么你可以读一下“求职策略”和“在线求职”两个章节，确保你能够找到所有可用的资源。如果你的工作比较专业或者目前没有什么空缺岗位，那么你要看看你是否可以拓展搜索范围，例如：拓展地理范围，看看其他地区甚至其他国家能否让你的技能得到充分发挥；或者拓宽职业选项，包括能够运用你工作技能的相关领域。

如果你僵持在了第二阶段，申请了许多工作但没能够得到面试机会，那么你可能需要重新阅读一遍之前关于如何写简历、填求职表和求职信的几个章节。同时，你很有必要重新审视自己的技能和资历，问问自己还能提升吗。

如果你在第三阶段卡住，得到了面试机会却没能拿到职位，那么你可以查看讲解面试技巧的第15章和第19章。

工作市场调查

调查工作市场对求职至关重要。你的消息越灵通你就越有可能获得工作机会，关键是信息和联系人。

获取信息

获取信息能够帮你搭建一个信息网络并提升自信，帮助你在正确的时间找到合适的工作。消息灵通的人能够找到自己心仪的工作，而消息闭塞的人则没有多少选择的余地。这些信息包括联系人的联系方式，以何种方式联系和说些什么。此外你获得的消息还能够告诉你简历和求职信中该写什么，在面试中该说些什么。

有用的信息包括：

- 你所在的工作领域发生了什么。
- 你所在领域的行业动态。
- 未来行业的发展趋势。
- 对你简历有兴趣的公司：它们的性质、背景、架构、组织和声誉。

- 工作职责（和你此前的是否有差别）。
- 企业发展前景。
- 有哪些公司入驻？哪些公司发展得比较好？
- 哪些公司在扩张，哪些拿到了新的合同，哪些发布了新产品，等等。
- 企业人力资源的信息。

以上所有信息都可以通过以下各个渠道获得。

网　络

你可以查看企业网站、新闻、聊天群、专业组织和社会网站、大学职业页面、职业指导网站和招聘机构网站，这些将为你提供国内外企业的详细信息和背景资料。你还可能通过这些信息意外收获其他有用网站的链接。职业指导和招聘网站会提供劳动力市场趋势、就业情况、招聘活动或相关链接等信息。你也可以在谷歌上搜索公司或职位名称看看有什么结果。

当地或国家的报纸、商业杂志

这些报纸杂志包括商业资讯：有哪些公司入驻该领域、当地和全国的经济、商业报告或公司简介、产品和服务、工作展和招聘会、企业开放日、地方和全国范围内的升迁、社区事项、公司搬迁和扩建、建筑和场地开发、“工作中的一天”板块。

招聘网页和网站

网页和网站能够让你了解到哪些公司在招聘、哪些公司在裁员，哪些公司开设了新的部门，哪些工作受欢迎，工作需要哪些工作技能和经验，企业工资水平，哪些企业反复出现在报刊上。

贸易期刊、公司内部通讯、年度报表和商业报告

基本上每一份工作都有自己圈子的报纸杂志，这些报纸杂志让你了解行业动态，许多还包含了招聘页面，提供工作相关的常用招聘网站。公司简报和年度报表会提供与公司相关的更多具体信息，你可以在公司网站上查找到或者通过写信、致电查明。

工商名录则能够让你了解到具体公司的信息，从公司的名字、地址到公司的员工数量无所不包。还有一些工商名录会告知你一些专业或贸易协会以及贸易相关的期刊和出版物。

寻找信息最佳的地址之一是公共图书馆，公共图书馆里有网络，并且你可以找到上面提及的许多工商名录、期刊和其他出版物，它还能让你了解到其他有用的专业协会及组织。

做完研究后，你要如何利用这些信息呢？你可以用它修改你的简历、求职信以及为面试做准备：

- 用两三个点归纳你与公司价值观的匹配之处。
- 在简历、求职信和面试中列出三四个你想要申请对方公司的原因。
- 在你的求职信和面试中提及三四个公司的优点以及其在市场中的地位。
- 找出所申请企业未来发展的机遇与挑战，并告知对方你的技能和经验如何能够创造价值。

建立关系网

你联系的人越多，你拿到入职通知的概率就越大，尽管他们可能不能直接帮你，却能够为你提供其他信息，让你全面了解行业动态。因此，花些时间建立联系是值得的，他们能够成为你的信息来源，在某些时刻为你提供帮助和支持，从而让你受益终生。发挥你的创造力，思考如何在网络和现实生活中搭建关系网络，你需要同时做到这两点以实现最优效应。

关系网的构建在很多情况下是很随意的，但对于求职而言，你需要更加系统化地做以下工作。

- 查找联系人来源，详细记录每个细节。
- 设立一个每周、每月目标联系人的人数。
- 记录你联系过的人，包括姓名、联系方式以及有效信息。
- 询问你联系的人是否有其他人的联系方式。

如果你感觉目前自己的交往网络比较单薄，那么你可以参考以下几种构建联系网的方式。

人　脉

人脉是很好的联系方式，你如果不能直接联系对方，那么可以通过社交媒体与之沟通。不要忽视任何一个人，即便对方不能够直接帮你，他也可能知道有人能帮到你，包括：

- 你的朋友和家人或你最亲昵的人。
- 你在学校结识的人，包括讲师和其他员工。
- 以前的同事和雇主。
- 业务联系人，包括供应商和客户。

- 通过工作联系到其他企业的人员，例如律师、会计和你提供服务的人。
- 你在面试中认识的人。
- 你拜访公司时认识的人。
- 你在交易会和开放日认识的人。
- 你在培训课程中认识的人。

组 织

组织和协会是一个已经形成的网络，能够让你认识到通过自身人脉无法认识的人。这些组织线上线下都有，包括以下几种：专为职场人士搭建的社交媒体网络，如领英，专业协会，行业协会，工会，特许机构，社区，特殊利益团体（商业女性、研究生学会、亚洲商业网络等），社交娱乐团体，志愿者机构或地方行动小组。

活 动

通过活动你可以结识到许多人，前提是获得对方的名字、联系方式或者名片。你可以在以下几种场合构建求职网络：商业会议，交易会或交易展，招聘会，公司活动，专业协会活动，工会活动，培训课程、会议和研讨会，促销活动，企业开放日。

同时，你可以联系和你工作性质相同的公司，不要只是问它们是否有职位空缺，可以和它们的员工交流：公司还有哪些职位空缺或者机会，他们对自己以及公司未来的期望，整个行业的发展趋势，公司的发展。

让你的关系网保持活跃状态能够让你更清楚公司有哪些机会，这就像给自己添加了一双眼睛和一对耳朵。去了解别人意味着别人也能更了解你。构建关系网包括向别人介绍你自己、让别人对你眼熟，这既是一种给予也是一种索取。

求职的三种方式

有三种方式可以用于求职：浏览招聘广告，广撒网，主动定位。

浏览招聘广告

这是最常用的求职策略，也是最简单、最省力的方式，包括浏览网络工作论坛、报纸杂志来寻找符合你要求的职位空缺。

优 点

- 你会对雇主需要怎样的员工有清晰的认识，进而让你的简历和求职信与工作要求对口。
- 你知道哪里有职位空缺。
- 你知道哪些公司在招聘。
- 你能够对所有发出招聘的公司的福利待遇进行比较。

缺 点

- 并非所有的工作都会被刊登出来，或者刊登在你能够找得到的地方。
- 你要和所有能够看得到招聘的人一同竞争，因此你需要给雇主留下很深的印象，尤其是当岗位很热门的时候。

- 雇主有严格的要求，例如，要求求职者必须有学位证，如果没有，那么你获得面试的机会就减少了。
- 这些刊登招聘广告的公司大多数会让你填写求职表，如果你不能让自己的每一项都符合的话，那么这对你来说是一个劣势。

以下情况适合这种方式：

- 你的专业或你所在的地区有许多职位空缺时。
- 你的技能得到充分利用。
- 在“人事变动率”高的地区，时常有职位空缺。
- 你有信心打败其他求职者。

第13章“在线求职”可以助你获取更多关于如何充分利用在线求职论坛的方式。

广撒网

广撒网的意思是将你的简历通过邮递或电子邮件群发给多个公司，或者将你的简历上传至简历库，等待筛选简历的软件来挑选。广撒网式的求职方式比较被动，需要等雇主发现。只有雇主觉得你符合他们的工作要求时，他们才会提供你面试的机会。

优 点

- 写好简历或者求职信后，你就可以一劳永逸了。
- 在较短的时间内可以联系到大量的机构，你可以联系所有可能对你的简历感兴趣的企业。

- 如果将简历上传至简历库，那么简历库中的软件会自动帮你筛选，你并不需要额外花心思。
- 如果幸运的话，你的简历会被雇主挑中。

缺 点

- 回复率较低，通常寄上百封邮件或电子简历你才能得到一两个回复。
- 上传到简历库后，你没有主动权：不知道谁会查阅、是否有人看到以及什么时候才能够收到回复。
- 你可能会因为没有或很少收到雇主的答复而感到失望和低落。
- 邮寄简历的成本较高。
- 几乎没有反馈，如果你没被选中，那么你永远也不会知道原因。

这种方式在以下情形适合你：

- 你具备较高的技能和资历，并且具有丰富的实战经验。
- 简历中有许多扫描仪能够识别的关键词。
- 你已经做好了在世界各地工作的准备。当简历上传至简历库后，你可能会收到来自世界各地雇主的邀请函。
- 你具备许多公司所需的特殊技能或经验。
- 或者与上一点相反，你的技能在劳动力市场需求比较小，因此你需要在全球范围内寻找雇主。这样看来，简历库是最省时且最实惠的方式。

参考第13章“在线求职”，你可以了解更多关于如何充分利用简历数据库的信息。

主动定位

这是一个需要求职者做选择的方式，包括以下几个步骤：

- 你想做的工作。
- 你想要在哪种类型的公司上班。
- 企业的名称、性质和地址。
- 每家企业的联系方式。

完成此操作后，你可以使用各种求职策略来联系这些公司以及预约面试时间。这意味着求职者承担起了搜索、研究潜在雇主并选择合适企业的责任。这是最主动的方式，需要你花费最多的时间和精力，但对于许多人来说，它也是最有效的求职方法。

优 点

- 你的努力很有可能得到回报。
- 你能够拿到反馈，因此可以随时优化你的简历。
- 你能够得到积极的回应。
- 你能够通过电话和写信等方式跟进。
- 你能够控制自己的表现方式。

- 你能够根据出现的新情况调整自己的求职方式。

缺 点

- 你需要合理的规划和做大量的研究才能使简历奏效。
- 你可能会吃一些闭门羹，具体需要看对方是否对你的简历感兴趣。
- 你需要不懈地努力。

以下情况适合这种方式：

- 你想在工作中运用哪些技能和优势。
- 你想进入某个特殊的工作领域。
- 你对自己的专业和行业有充分的认识。
- 你有清晰的职业发展规划。
- 你喜欢主动搜索而不是被动等待。

充分发挥你的技能

在求职中你能够使用的关键技能有以下几点：

- 就业市场研究：了解企业或组织的需求，了解它们能为你提供什么和你能为它们提供些什么。
- 建立联系：建立有效的人际网络。
- 阅读招聘广告和职位描述：分析它们的要求并将这些与自己的

技能和经验做对比。

- 写简历：思考如何在简历中展现你的技能和优势，让简历发挥作用，让你能够得到面试机会。
- 写信：写求职信，让你的简历令人有兴趣阅读。
- 通话技巧：获取信息并准确传达信息。
- 面试技巧：给雇主留下良好的第一印象。

除了上述求职技巧外，还有一些方法能够让你充分发挥这些技巧。

扬 长

思考你的优势是什么并充分利用它，例如：

- 如果你的优势在于与人打交道，那么你需要充分利用人际网。
- 如果你最大的优势在于给对方留下良好的第一印象，在与人面对面交谈的时候能够谈笑风生，那么你就要充分利用能够让你获得和雇主面对面交谈的机会。
- 如果你擅长写作，那么你可以在写求职信和电子邮件时充分发挥这一优势。

避 短

寻找并克服任何你成功路上的“拦路虎”，在自身的缺点不足上下功夫，努力提升自己的实力。

- 寻找提升自己的方式，不断训练提升。没有人一出生就知道如何写简历或者在简历中写些什么。本书会告诉你写简历的注意事项以及如何着手。一旦掌握了基本的技能，你就可以进行自我训练，直到你有自信为止。朋友和家人可以给你一些帮助，你可以让他们帮你做一次模拟训练或者给你打电话，并让他们给予你反馈。你也可以让他们帮你看一下你的简历和求职信并给出建议，他们可以帮你检查出拼写和语法错误。

- 你如果不能做某件事情，可以想想是否还有其他解决方式。如果你真的不会写求职信，那么你可以去和对方面谈。打电话给雇主，如果对方想看你的简历，那么你可以和他商量能不能直接约一个10分钟的简短谈话，在对方对你印象不错的情况下，你可以给他简历。
- 寻求别人的帮助。你可以参加一些培训课程来提升自己的水平。如果你的经济条件比较好，你可以请专业人士帮忙。你也可以和别人交换技能。
- 充分利用已有的资源。如果你的人际交往技能比较差，那么你可以充分利用已有的关系网（如领英和专业的协会），或者依靠具备强大关系网的中介的推荐。

专家点评

你需要灵活应变，因地制宜地采取不同的方式应对不同的公司，小公司通常比大公司更加灵活。

国有公司部门经理

我刚刚聘用了一名员工，她不辞辛苦地查出我是谁、我是做什么的，并且发送了电子简历给我，她积极主动的态度打动了我。

电影公司制片人

不要只看报纸上的招聘板块，公司官网上有一些“隐藏的招聘界面”你也要看。

马克·科尔顿，就职于英国就业工作中心

第13章

在线求职

当你在找工作的时候，网络大概是你最有用的一个工具，但它也有其优缺点，本章将介绍如何充分利用网络，从而让你在竞争中脱颖而出。

高效利用网络资源

在过去10年，网络资源丰富让在线求职变得广受欢迎。本书分享了一些建议，例如访问雇主网站、收集有用信息，或者通过网络找到一些专业机构。但在线查找可能会占用你宝贵的时间和精力。有成千上万的网站可供搜索，只要在搜索引擎中输入“销售经理”或者“会计”，你就能发现许多工作机会，但只有少数信息是与你相关的，因此你需要具备管理和筛选信息的能力，同时又不让好的机会溜走。

在线招聘资源

网络上有许多资源能够让你的工作变得高效。

招聘网站

招聘网站上专为工作雇主和招聘机构提供空缺岗位，其中既有各个行业都需要的职位，也有专业性强的职位。大部分网站都易于浏览，能够通过关键词和关键短语来帮你缩小搜索范围。当你找到吸引自己的工作时，网站会提供你如何申请的相关信息。

在搜索新工作时，你不要仅局限于一两个网站，要根据自己的实际情况尽可能多地申请。在搜索过程中若发现一些相关的求职网站，你也可以充分利用网站的一些额外功能，例如一些网站在公司发布你可能感兴趣的职位时，会通过电子邮件的方式自动通知你，招聘网站还能将你的简历上传至简历库。

简历库

许多招聘网站和工作搜索网站能够提供服务——将你的简历上传至在线数据库。这样一来，你的简历就能够被注册该网站的雇主和招聘机构看到。这项服务非常宝贵，因为每天甚至每小时都有上千名雇主搜索数据。越来越多的雇主采用这种方式，因此将你的简历上传至数据库能够让你有机会被挑选，否则没有人知晓你的存在。

在简历库上注册通常是免费的，你可以随时随地修改你的简历，保持最新状态。一旦注册成功，你就可以“守株待兔”，同时又能够腾出时间有针对性地给雇主投简历。如果你担心自己的简历被你所在公司的老板看到，那么你可以设置一些访问权限。

除了基本的服务，你还可以查看一下招聘网站和简历库其他的服务。充分利用所有有用的工具。许多招聘网站会提供以下机会：

- 帮你保存申请表，方便你查看。
- 设置邮件提醒，若有岗位和你的简历相匹配时邮箱会提醒你。

- 将你的简历上传至简历库，让雇主和招聘机构能够自动检索到。
- 将你的简历和求职信保存在招聘网站上面，让你在申请时节省时间。
- 帮你从网站上获取从写简历到面试技巧的所有建议。

工作搜索引擎

这些搜索引擎能够让求职者用方便快捷的方式在网上找到某些空缺岗位。顾名思义，工作搜索引擎可以让你浏览较大规模的招聘网站，让你能够在一个搜索引擎中找到所有的网站，而不用一个一个网站地去搜。

招聘中介网站

许多招聘中介直接在网站上发布企业空缺的职位，但也需要注意，有些无良中介发布的岗位并没有在招人，它们发布这些岗位只是为了搜集求职者的信息，搭建它们的数据库。一直提交简历却没有得到回应也是一件令人丧气的事情。如果你有疑问，可以在发送简历前打电话给对方查明岗位细节。

企业网站

大多数公司都会通过公司官网招聘，定期发布空缺岗位。直接通过公司网站应聘能让你先人一步，不仅仅是因为企业可能不会通过其他途径发布信息了，而且你愿意花时间查找企业信息也表明了你对该企业具有浓厚的兴趣。

要想查到上述信息，你只需要将“招聘网站”“简历数据库”“工作搜索引擎”“招聘中介”或者你想要申请的公司或者企业的名字输入你常用的搜索引擎，并根据自己的需求增减关键字词，例如“伦敦餐饮服务业招聘网站”“英国会计和金融招聘中介”。工作网站和数据库的使用通常是免费的，网站的服务费是企业支付的，但是如果你想要享受进一步的服务，例如面试指导或职业生涯规划，那么你可能需要额外交钱。

在线求职工具

网络上有各种各样的工具能够在你求职过程的方方面面给予你帮助，具体包括：

- 简历和求职信模板。
- 简历分析工具能够检测到你的简历中的关键词和它被工作申请追踪系统软件选中的可能性。
- 企业点评网站能够让你详细地了解一个公司及其工作环境。
- 企业薪资比较网站能够让你了解自己所在行业的工资水平。
- 跟踪系统和联系管理系统能够让你了解到自己所申请公司的负责人信息以及应该和谁保持联系。

需要注意的是许多招聘网站是按照职业和国家分类的，此外你还可以充分利用社交以及工作网站等。

你可以在搜索引擎中输入关键词以定位合适的网站。多数情况下，你可以在App（手机应用软件）上找到它们。目前，许多App都没有经过审查，并存在风险，但是这些App在未来会变好，设计上会更加美观、安全，今后可能会成为搜寻工作的一条重要渠道。

你的在线简历

想要让你的简历从数据库中脱颖而出，你需要理解人力资源是如何运作这些数据库的。一般而言，他们会通过扫描简历的关键词进行筛选，就像你在网上搜寻工作时候用关键词查找一样。通过以下方式，你可以让自己的简历更容易被雇主选中：

- 运用一些关键词。简历扫描仪不能够知晓简历中缺失哪些信息，因此你需要确保简历中的信息都是关键的——包含简历扫描仪正在搜索的特定关键词。这也是你在拟写简历前仔细研究招聘广告和职位描述的一个原因，你需要提取简历中的关键词并从这些词着手。这些关键词包括：

  ——职业背景：教育、工程师、公共关系、零售、财务管理或者质量控制。

  ——职业：经理、程序员、编辑或工程师。

  ——专业领域：你可能在能力管理、交互技术、项目策划、全球营销、产品开发、重建或系统配置方面具有丰富的经验。

  ——特殊的技能和资历：微软、×××学士学位、×××硕士学位，之前在全民医疗服务系统工作、计算机技能、经济学研究生、特许会计师协会准会员、特许会计师公会会员。

  ——工作技能：设计、评估、组织、代表、开发、分析和交流等技能。
- 尽量具体。如果工作描述中要求求职者具备计算机技能，那么你可以先在简历中写上“计算机技能”，然后再添加具体信息，如熟练使用Word文档、Outlook Express、Excel表格等。

- 添加细节。不要只说你是学计算机的，有丰富的经验和工作技能，还要突出你：在计算机开发方面有4年的经验，曾担任数据库管理员，用Report Writer（报告生成器）写报告，与其他员工合作完成一个项目。

样　例

职业生涯

2010年至今：×××电信（职业背景）。

客服（岗位）

监督（工作技能）分部客服（职业背景）部门。

安排（工作技能）员工轮班表（知识领域）。

培训（工作技能）员工的客户关怀（知识领域）能力。

贯彻执行（工作技能）新的政策流程（知识领域）。

监督（工作技能）服务，确保完成目标（知识领域）。

运用Windows系统（特定技能）的Access软件（特定技能）整理客户数据库（知识领域）。

预测可能发生的一些变化

你要善于运用简历中标准的头衔或相关领域的岗位空缺。例如：如果你所在岗位常用的头衔是“媒体销售总监”，那么很有可能简历扫描仪找到的关键词就不是“媒体客服经理”。如果你不确定的话可以在括号中补充该岗位的别称。例如：首席执行官（CEO）。在学历资历和技能板块你需要运用同样的方式。

运用简历注册表

在将简历上传至简历库时，你通常需要完成一个简短的注册，填写一些基本信息，包括你当前的工作头衔，你更喜欢哪类工作，简短地描述你在寻找的工作类型。这些信息实际上也是随附在你的简历上的，扫描仪会选取包含相关信息的简历。这会让你多一次强调那些重要关键词的机会，让你的简历有机会被潜在雇主选中。

更新你的简历

人力主管通常都会将其精力集中在最新提交的简历上，所以你要定期重新提交简历，以让简历保持更新的状态，例如：每6～8个星期更新一次。

简历要专业

无论你是准备通过邮件直接将简历寄给雇主还是准备将简历上传至在线简历库，你在写简历时都需要遵循以下几个原则：保持语言简洁易读；文字简单明了，突出重要信息；简历内容与你所申请的工作相关。

如果是直接寄给雇主的简历，你需要注意以下几点：

- 如果你是以附件的形式发送简历的，文档命名最好加上你的名字，例如，玛丽·史密斯简历.doc，以方便人力主管在数百份简历中一眼看到你的简历。

- 即便你的简历要寄给多个企业，——你要用同一份简历申请多份工作，请确保你发送邮件时是单独发送的，不要将你的简历同时抄送给几家公司。
- 填写“主题”一栏。在主题一栏可以写上头衔和工作申请编号，不要写一些奇怪或者很生硬的话以引起人力主管的注意。
- 在发送前，你要再仔细检查一遍拼写和语法。
- 邮箱地址要严肃，像派对咖@anyisp.co.uk就不太合适。
- 尽管是电子邮件，这也是一个正式的工作申请流程，因此你需要做到以下几点：不要用缩写的、难懂的术语或俚语；不要用表情，例如微笑表情；严格遵循邮件拟写规范，例如以“亲爱的史密斯女士”和“祝好”结尾。求职信中要遵循同样的规则，见第10章“求职信”。
- 通常你可以将简历通过附件的形式发送给企业。但如果一些企业担心电脑感染病毒而拒绝接受附件，那么你可以将简历直接复制粘贴在邮件上再调整一下，从而让简历看起来美观且易读。
- 附件不宜过大，这样对方下载起来会很麻烦。简历和求职信应该不会很大，但一些高清的照片或者图片文件就非常大，因此最好避免发这类大文件给雇主。如果这些文件对你的申请至关重要（如你的作品集），那么你可以选择发送相关链接或者至少在发送大文件前要和对方说一声。
- 雇主一打开邮件只能看到容纳25～30行字的界面（具体取决于你使用的字体大小），而非能够容纳50行左右的A4纸大小，因此你只能够写一些要点，否则雇主可能不想往下看。更糟糕的是，一些雇主可能通过手机查看你的简历，因此你的简历必须非常出彩以引起雇主的阅读欲望。

- 你可以把自己的名字写在最末尾，因为你的邮件名或主题都可以写名字。充分利用那25～30行写下最重要的信息。
- 你写的内容最好以屏幕大小为段落，因为那样你看一眼就能阅读和消化。
- 可以将你的简历保存在邮件草稿箱中，这样你就知道雇主打开你的邮件是怎样的。要点突出吗？你可以设计一下排版，例如：用项目符号，在这种情况下“少即是多”。
- 在添加图片和签名时要仔细考虑，思考这些图片和签名看起来是否专业：它们如果看起来专业的话，会给你的简历加分，否则，意味着你的重要信息永远不会被读到。
- 你的邮件可以设置自动回复，内容包括其他邮件地址、有效的网站以及社交媒体网站链接。

下面展示的邮件简历是由“改变职业方向的求职者的简历样例”修改而成的。

改变职业方向的求职者的简历样例

求职岗位：顾问兼导师

亲爱的泰勒先生：

我申请的岗位是北萨默顿青年社团顾问兼导师一职，我的简历如下。

个人简介

本人曾经担任辅导员，工作尽职尽责，与不同年龄段和背景的人有直接接触，对年轻群体尤其了解，有在志愿部门工作的经验。现在希望能有机会提升与人打交道的技能、资历和经验，在具有一定挑战性和充满新思想的环境中工作以展示自己的价值。

工作技能

- 咨询实践证书。
- 咨询理论证书。
- 为年轻群体提供咨询，帮助其解决不同问题。
- 与社会服务部门合作。
- 抗压能力强。
- 能够解决突发状况。
- 能够与形形色色的人打交道。

工作经历

咨询工作者（志愿岗位）2012年至今：×××项目。

- 为有困难的年轻群体提供咨询，帮助其解决一系列问题。
- 负责接打求助热线并进行一对一的会谈。
- 与社会福利部门合作开展一般性的工作和解决具体问题。
- 提供住房和福利津贴相关的建议和信息。
- 计划安排事项，将待处理的事项按轻重缓急排序，必要时可以采取危机干预措施。

到此为止为邮件打开界面

司机（为患者提供运输服务）

2009年至今：×××交通有限公司。

- 为当地健康信托计划提供驾驶服务。
- 服务范围包括两个区的门诊部门、三个诊所和三个日间看护服务中心。
- 为病患提供上门接送服务，协助病患上下车，确保病患感到舒适和安全。
- 必要时为有特殊需求的病患提供帮助。

运货司机 2004—2009年：自由职业。

为当地企业运送货物，负责填写完整的交付记录、日程表和日志。

教育与培训

2009年至今：×××学院。

咨询实践证书。

咨询理论证书。

1998—2004年：×××学院。

GCSEs：7分，包含数学、英语和计算机技能。

个人信息

出生日期：1987年8月15日。

兴趣爱好：计算机、阅读和游泳。

拥有普通驾照及公共服务汽车驾照（无不良记录）。

约翰·史密斯

×××街道

×××镇 AA0 0AA

固定电话：00000 000000

手机号码：00000 000000

电子邮箱：jsmith@anyisp.co.uk

请注意这只是一段简短的个人介绍而不是完整的求职信，个人简介也说明了约翰·史密斯申请该岗位的原因，而这通常是出现在求职信中的。个人简介和关键技能部分有许多重要信息，能够吸引收件人的注意，让他们有继续读下去的欲望，尽管这些信息可能只出现在一块小小的手机屏幕上。

如果你将简历添加在附件上而不是直接粘贴在邮件里，那么你最好写一封完整的求职信，包括你的强项与申请工作的匹配度以及你申请该工作的原因。

纸质版简历和简历扫描仪

大型机构通常会收到很多份工作申请，因此它们常常采用简历扫描软件筛选符合其关键词的简历——包括纸质简历。如果你觉得自己的简历也很可能被拿去扫描，那么你要确保光学扫描仪以及扫描软件都能够轻松读取你的简历。

- 用白底纸张，单面打印。

- 使用标准的11磅或12磅字体。
- 不要用订书机或回形针将其装订在一起，这样第二页很可能无法被读取。
- 在最顶部写上你的姓名，以免简历被乱放。
- 将简历平展开放在A4信封中，旧的扫描仪比较难读取折叠的简历。
- 不要滥用项目符号和斜体等，修改简历，尽可能让简历通俗易懂。
- 在简历中写上扫描仪可能设定的关键字至关重要。

网络的其他妙用

除了本章提到一些求职网站，网络的其他用途也能让你在求职过程中更具优势。

查看你的在线信息

在现在这个信息时代，你的在线信息比以往任何一个时候都重要。据上一次统计，53%的雇主都会查看求职者在社交媒体上的动态，这一数据只会上升。因此在网络上保持一个积极向上的形象变得越来越重要。将你的名字输入搜索引擎来查看信息——一些在认真考虑你的雇主可能会这么做。

如果在社交媒体上没有你的存在，那么你可以考虑提升自己的网络存在感，加入一个专业的社交网站（在后面将具体提到）。另外，如果你在网络上的评价不太好，那么你需要进行损害控制，主动维护自己的正面形象，或者确保你不想让别人看到的东西不会出现在网上，不管以何种方式，至少做到有备无患。

在网络上构建专业形象

添加与自己工作相关的链接。将领英链接放在你的简历或求职信中，在注册后填写自己的信息并实时更新。

就像写简历一样，你可以在领英页面加上一些关键词。参加网络上的活动，例如提问、加入小组、讨论或提建议。

充分利用职业协会网站的个人简介页面、交易或专业评论网站等等。参与相关的评论、研究、报道、论坛以及行业相关的博客等，但确保你做的一切都是专业、高标准和符合事实的。

此外，雇主也会查看你的脸书和推特，目的是观察你参与的社区活动、社交群体、项目以及你的社交主张。雇主最不想看到的是你有极端主义倾向，不宽容和持续低迷的状态，这些都是你职业道路上的杀手。

工作网络

一些职业网站的出现（如领英）让工作网络的搭建变得更容易。由于这些网站知名度高以至其中一些可以直接转至社交网络界面。数百万职场人士都在有效地使用这些网站，这为其找工作提供了一个强有力的武器。开通基本的账户是免费的，让你能够与同行以及同行们的朋友交流。网上有很多讨论组，有些是专门的工作组而有些是兴趣组，让你能够参与讨论，获得一些市场情报。除了得知企业的消息和工作市场状况外，你也可以与同事交流，让相关人士知道你在找工作。但需要注意的是，在线社交网站是一个开放式的空间，除非你设置访问权限，否则你一旦发布了信息就没有隐私可言。

建个人网站

现在网络资源丰富，你完全可以设计一个易于浏览的网站或线上作品集，制作个人网站的技术含量并不高。你的个人网站可用于发布个人简历，你的雇主可以看到你的作品、阅读你的简历、阅读其他相关信息以及获得你的联系方式。你在搜索引擎中搜索“免费制作个人网站”看会出来什么结果。选择一个最能够反映你个性的产品，以保持专业性。

个人隐私与网络安全问题

你在运用网络工具时需要保持警惕心，运用常识辨别真伪。如果你的个人信息落入心怀不轨的陌生人手中，那么后果会非常严重，甚至给你带来危险。然而，网络上有许多程序都在收集求职者的个人信息、电子邮件地址。如果你在网站发布个人简历，那么你的信息就有被泄露的风险。

- 在网上输入个人信息时一定要小心，例如：社保号码以及出生日期，因为一些不法分子可能会盗取此类信息。
- 尽量浏览知名度比较高的网站并在注册时做好记录，如果有不认识的公司联系你时，你可以询问它们是从哪里拿到你的简历的。
- 你如果觉得一家公司很可疑，就不要轻易点击他们发送给你邮件中的链接，可以通过独立的第三方渠道访问它的网站。

- 对所有条件看起来好得不可信的工作都要谨慎，如高薪但不要求或只要求具备很少的经验，那么这很有可能是一个骗局，在提交申请前一定要再三确认。可以试着在搜索引擎内输入公司名称和“诈骗”，看看是否之前有人受骗，毕竟它们联系的人不止你一个。
- 所有合法合规的工作机构都不会要求申请者付定金。
- 它们也不会询问你的银行信息。
- 你可以为求职申请一个专门的邮箱以免收到垃圾邮件。
- 为个人和求职、职业网站设置不同的用户名和密码。

专家点评

我们公司采用网络申请招聘方式。目前我们会亲自筛选简历，但未来会用软件筛选。使用软件时，程序设定的所有关键词都会出现在招聘广告中，如果你的申请表中没有这些关键词，那么你的简历就不会被选中。

——黛比·麦克艾克，劳斯莱斯资源中心经理

第14章

求职策略

求职的方法至少有9种。所有求职方法都是为了让你与潜在的雇主取得联系，从而获得面试机会。求职的最佳策略是运用符合自己个性的方式获得心仪的工作。你尝试得越多，你成功的概率就越大。

这9种方法分别是：了解应聘广告上的空缺岗位，电话回访投递简历的公司，通过非公开招募找工作，通过求职中介找工作，通过人际网络找工作，通过招聘会找工作，主动到公司与招聘人员面对面交流，巧用登门槛效应及其他方式等。

了解应聘广告上的空缺岗位

本书第12章“求职的三种方式”一节已经介绍过这一策略。无论你是在线上还是线下看到工作招聘信息的，你都需要在投简历前认真做计划，因为申请工作的机会只有一次，所以你要做到尽善尽美，因为你将与其他所有申请者竞争。

该方式适合以下几种情况：

- 行业杂志或网站上有许多与你的技能和经验相匹配的优质招聘广告。
- 你这种类型的工作在劳动力市场有空缺。

- 如果你有固定的住所或者你要搬家，那么你可以使用招聘网站上的“地区筛选功能”或者阅读当地报纸上的招聘信息找到离家近的工作地点。
- 你的工作经历中没有间隔期，是一份标准的工作申请模板。

你要利用好每一次申请工作的机会，具体如下：

- 确保你投的简历符合你申请的每一个工作岗位（参见第3章）。
- 你投递的每一封求职信都要针对不同公司进行修改，以便满足该公司对该岗位的具体要求（参见第3章和第10章）。
- 在线申请工作时，如果条件允许你使用自己的简历模板，你就不要用网站提供的标准简历模板，因为它可能无法很好地展示你的工作技能和经验。
- 在线申请工作时，你要做好针对扫描软件筛选简历的准备，在简历中填写关键词。
- 寻找优质招聘广告的平台，例如你青睐的网站和期刊。
- 地方的就业中心也是一个求职渠道，它会为你提供所在地区的关键求职信息以及简历库。

电话回访投递简历的公司

你可以通过邮寄或发电子邮件的方式将简历和求职信寄给目标公司，然后打电话跟进结果，如果可能的话预约一次会面。若要让此方法奏效，你的简历必须是有针对性的，根据雇主类型以及你投递的企业进行调整。你的求职信必须能够引起雇主的兴趣，你在电话回访时态度要积极且充满自信。

通过打电话询问你就能够了解对方是否对你感兴趣。但是，要尽量避免现场电话面试。

该方式适合以下几种情况：

- 你知道市场和企业对自己的工作技能有需求。
- 你有一份好的简历，已展示你的工作技能和成就。
- 你对通过书面或电话展示自己的技能充满信心。

关于如何充分利用简历和电话回访，你需要：

- 发邮件或邮寄时应当发给个人，查明对方在公司的职位。投简历或打电话时如果能够叫出对方的名字，那么你得到答复的可能性会更高。如果以“亲爱的先生或女士”或“亲爱的人力资源主管”开头，那么很少会有雇主愿意读。如果你已经查到了一个电子邮件地址，再花点儿工夫，找出他们的名字。
- 在与任何雇主联系之前，尽可能多做研究和搜索。
- 不要害怕打电话询问信息。
- 招聘广告上不会直接告诉你企业的要求，你需要猜测它的需求可能是什么。这就是你的知识、经验以及网络搜索能够发挥作用的地方。
- 在求职信中介绍自己，包括你的技能、你为什么要投那家公司，以及你对那份工作的理解，让雇主了解到你能为企业创造的价值。

- 当你回答“你可以”时最好要补充说明，举一个具体的例子，在打电话时准备一份简历和求职信。
- 注意跟进回访。不要指望企业给你打电话，或者天真地认为如果雇主对你的简历足够感兴趣的话就会主动联系你。有些雇主可能会，但有些雇主可能会忘记回电话，丢了你的手机号码或打算下周再打，结果已经清空了文件夹或刚度假回来。

通过非公开招募找工作

针对非公开招募的技巧与上述方法类似，但重点放在写求职信上。给公司大人物发邮件或写信，分享你通过自己的人际网络或社交媒体看到的与你想申请的公司相关的事情，例如：公司扩展、搬迁，或发布新的合同及产品的新闻。概述你的相关技能和经验并说明在这种情况下它们如何为公司提供帮助。

每封信都必须针对不同的公司进行调整，以突出主题。你的目标应当是取得与雇主面试的机会。你的简历应当能够补充说明求职信的内容，对此你可以打电话跟进。

该方式适合以下几种情况：

- 你对自己所在领域的情况十分了解。
- 你能够实时跟进自己所在行业或当地的新闻。
- 你的求职信清晰且说服力强。
- 你对自己的技能充满信心，确信自己能够为公司创造价值。
- 你愿意与企业建立长期关系，而且不求立马得到回报。

关于在非公开招募中如何充分利用私人信件，你要了解：

- 所有简历和回访电话的技巧也适用于写私人信件。
- 怎样成为公司的智囊团，你的知识和经验如何能够为公司所用。
- 怎样在求职信中展示你对公司目前需求的认识以及你的价值。

通过求职中介找工作

求职中介有时候十分有用，尤其是一些专门的中介机构，它们具有了解就业市场的绝对优势：

- 中介机构了解求职市场，可以对未来求职市场的发展做出有理有据的猜测。
- 中介机构知道哪里有工作。
- 中介机构知道需要联系谁。
- 好的中介在适合你的企业中有良好的口碑。

访问并注册中介机构网站，查看这个中介机构能够为你做些什么，但如果有条件的话尽可能与他们当面沟通。当你和中介面试的时候，无论正式与否，都要像在和雇主交谈一样，因为他们正在评估你适合哪一种职位，并将根据他们的评估结果确定你的优势，你的穿着和行为要得体。你要经常和中介联系，但不要一直纠缠中介。

该方式适合以下几种情况：

- 你具有与职位匹配的技能。
- 你在所选择的领域具有一定的经验。
- 你做好了与中介定期保持联络的准备。

关于如何充分利用中介机构，你需要：

- 通过电子邮件、电话或面试与公司工作人员简历联系。如果有条件的话，最好自始至终与同一位顾问联系，因为他足够了解你以及你的优势和要求。
- 从一开始就明确你想要什么和不想要什么。保持开放的心态，但如果该机构反复为你提供不适合的工作，你可以询问其原因。
- 在注册时，要有的放矢。确保了解中介后再注册，注册两三个最合适的机构就够了。不要在一棵树上吊死，要增加你求职成功的概率，但不要看到一个中介就注册一个，这样也会很麻烦。
- 对中介要坦诚，提供尽可能多的信息。但如果一些信息比较敏感或机密，请告知顾问。
- 大多数招聘顾问都很有经验，非常了解当前的就业市场。尊重他们的建议，并运用他们教授你的写简历或面试技巧。
- 定期与中介联系。每周交流一次既表明你足够认真，又不会显得操之过急。

此外，你还需要了解以下信息：中介将你的简历发送给了哪些企业，企业的任何正面和负面的反馈；你将要接受面试所有工作的详细信息，有关公司或工作的任何有用信息。

通过人际网络找工作

这种方式可以与其他求职方式配合使用，利用你所在行业及人脉联系到自己直接联系不到的雇主。你的人脉能为你提供以下帮助：提供信息，敲门砖，私下帮你介绍，以你的名义与他人交谈，亲自引荐或写推荐信。

该方式适合你的以下几种情况：

- 具有广泛的人脉。
- 在线上或线下有现成的人脉。
- 具备人机或社交技能。
- 愿意听从建议和指导。
- 很乐意与人长期联系，而不是寻求立竿见影的效果。

关于如何充分利用人际网络，你需要：

- 感谢为你提供帮助、建议、线索或介绍的人，有机会尽可能回报对方。
- 与已有人脉联系，让他们知道你在找工作，向帮你介绍工作的人表达感激之情。打电话或发邮件给你认识的所有人，你会有意外惊喜，一些你觉得与想申请的工作八竿子打不着的人也可能为你牵线搭桥。
- 拓展新人脉。积极通过线上或线下的方式拓展人脉，与你想要结识的人会面和交谈。

- 最好通过你认识的人向对方要一张名片或联系方式，尽管你确定自己能记住对方的联系方式也最好保存备注一下（公司名称、职位、对方如何能够帮到你，简要说明你已采取或打算采取哪些方式）。
- 当有人给你介绍工作时，你要进一步了解一下工作内容，尽管有些工作你不大可能申请。但你如果一直都没有采纳他们的建议，那么他们之后可能就会放弃给你提建议。当你的求职过程有进展时，可以告诉那些为你提供帮助的人。

通过招聘会找工作

招聘会是很好的交流场合（或企业展览会），让你能够与一些潜在的雇主交流。在招聘会上，你既能够了解一些雇主，也能让一些雇主认识你，并且你还能了解整个招聘会的职位空缺情况。

该方式适合以下几种情况：

- 你能够定期参加招聘会且招聘职位中包含了你感兴趣的领域。
- 你能够很好地展现自己并具备良好的人际交往能力，能够自如地与他人交流或向他人提问。
- 你做事有条理，懂得如何做笔记、保管企业宣传册和名片并跟进联系人。

关于如何充分利用招聘会，无论是企业展览会还是招聘会，你都需要做到以下几点：

- 带20～30份简历，这取决于展会的规格，简历不能折叠或装订，应该将其干净整洁地保存在一个文件夹中。
- 在参加招聘会前先做一些功课，以便你与公司代表交谈时能够显得睿智，并且能够提一些比较有趣的问题，从而让你脱颖而出。
- 招聘会是一个正式的场合，因此你的着装和行为举止都要像正式面试一样。
- 在和对方交谈时，你可以询问对方的姓名和职位，在展会后可以写一封信告诉对方你觉得这次谈话很愉快，你对对方公司很感兴趣并重述一遍你的工作技能和优势。

主动到公司与招聘人员面对面交流

可以在路过时顺便拜访你心仪的公司或者通过电话回访的方式预约采访，目的是让人力资源给你一次当场或者之后面试的机会，当个人的优点突出时，这一做法尤为重要，例如：你的优点是友好和说服力强，这两项可能通过简历无法展示，只能通过面对面交流感知。该方式同样适用于个人展示实际技能，例如艺术家或设计师展示自己的作品。

采用该方式的求职者必须自信、积极。如果你在拜访心仪的公司前先已做好充分的准备，那么这会大大提升你的自信。查明你想要联系的人能够提升你得到回复的概率。因此，你可以通过人脉关系和网站信息查明对方公司的负责人是谁。

该方式适合以下几种情况：

你具备良好的表达能力和人际交往能力，你具备简历中未涉及的相关个人品质，你需要亲自展示自己的技能。

关于如何充分展示个人品质，你需要：

- 着装得体，要像正式面试一样。
- 带上简历，但只有对方见到你并且对你留下一个好的印象后再留下简历。确保简历中的内容与你所说的内容相符。
- 带上相关材料，反复练习简短的个人陈述，直到你能够自信地说出为止。
- 在拜访公司前先做好功课，给对方留下好印象的一个非常重要的方式就是对公司以及对方十分了解，提前想好你想问的问题。
- 花两三分钟简要地阐述你的情况，突出你的经验、特殊技能以及强项，这些相当于一份“口头简历”。最后，你可以陈述一下自己为何想要申请该公司的岗位，你能为公司做出怎样的贡献。这些都要你提前思考、练习直到能够流利说出为止。
- 如果贵方公司没有合适的岗位，那么你可以将这次会面作为拓展人脉的一个契机，询问接待你的人是否知道其他公司在招聘，若有，询问接待人员你能否在联系那家公司时提及他的名字。
- 结束这次会面后，你可以写一封信或电子邮件，感谢对方抽出时间，并向对方表示你对他的公司非常感兴趣，同时重申你的技能和长处。

巧用登门槛效应

“登门槛”也就是通过非正式面试或为期6个月的实习等方式进

入公司。

虽然这种方法有一个很明显的缺点，非常耗时而且不一定会得到报酬。但是，这样做也可能利大于弊。它给你提供了以下机会：建立联系和网络，了解该环境中每天的情况，展示你的长处，熟悉新技术或工作方式，了解这类工作或公司，让雇主或者公司同事认识你，积累经验和提升业务能力。

“登门槛”的方式包括：非正式或电话面试，企业开放日，课程计划，实习，短期工作，兼职，志愿工作等。

该方式适合以下几种情况：

- 你对自己的工作能力充满信心。
- 你对自己的工作感兴趣并且充满热情。
- 你需要的是经验而不是工资。
- 你打算改变职业方向或刚毕业，需要了解工作内容以帮助你做规划。
- 你打算改变职业方向或刚毕业，急需具体的工作经验来填补你的简历。

关于如何充分利用“登门槛”效应，你需要了解以下几点：

- 交流沟通是关键，抓住与公司内所有人——包括同事、客户、供应商等交谈的机会。
- 要能够眼观六路、耳听八方，确保提出的问题有价值。
- 任何能够为你增加额外经验、责任或义务，或让你认识更多人的工作都要热心参与。

- 牢记你在公司的三个主要目标：留用，积累工作经验和提升工作技能，拓展人脉。

其他方式

其他方式只适用于部分求职者，一些小型公司用这种营销或公关方式以增加客户数量。这种方式通常更适合创意类或者宣传类工作领域。

方法包括：

- 直接邮寄。将个人的宣传材料，例如高质量图册、宣传册或传单通过邮寄或发邮件的方式寄给雇主，而不是简单地发一份简历。
- 提升公众知名度。通过志愿工作在会议、研讨会上展示自己的专业技能。
- 出版。贸易或者专业期刊通常对在其专业领域工作人士撰写的文章十分感兴趣。
- 申请个人博客。在博客上，你可以分享专业相关的展示或见解，以一种积极向上甚至幽默的方式将其展现出来。
- 自我推销。在报纸杂志或个人网站上刊登宣传自己，地方和行业刊物往往也在寻找这种不同寻常或具有娱乐性的报道。
- 主动提供帮助。免费为对方工作，承诺帮助公司提升两倍的利润，你愿意为之付出努力或承担风险。

你所做的一切都要经过充分的研究和计划并且妥善执行。这种方式能够提升你的知名度、提升你求职成功的机会，但是你仍然需要靠传统的求职方法去联系潜在雇主，而不是寄希望于他们会来联系你。

该方式适合以下几种情况：

- 你的求职方向是创意类岗位。
- 你对自己的能力满怀信心。
- 你具备展示和宣传个人的技能。
- 你已充分了解市场并能预测结果。
- 你确信通过这种方式能够提升自己的声誉。
- 你可以积极采取其他配合方式。

关于如何充分利用非传统方式，你需要：

- 在开始之前做充分的研究。明确你要传递哪些信息以及如何在你的工作领域传递这些信息。
- 追求质量而不是数量。如果你想给人留下好印象，一定要以高标准要求自己。
- 趁热打铁。当你发表文章后，人们在期刊上能找到你的名字或你的名字出现在会议演讲者名单上时是你联系潜在雇主的最好时机。

专家点评

当我们搬进新公司时，我们收到的第一封信是一个住在附近的人的简历。他在我们公司做了短期实习，现在在我们公司长期工作了。

——商业供应公司总经理

打电话查明公司负责招聘的人员的信息——不一定是公司人力资源部门的人员（如车间经理）。

——马克·科尔顿，就职于英国就业工作中心

求职者可以在公司非公开招募时投递简历，如果发现合适的简历，我们会将它们上传至简历库，并保存6～12个月，如果在这段时间有合适的工作，我们会联系他们。

——黛比·麦克艾克，劳斯莱斯资源中心经理

发布招聘广告的成本高。我会查看所有简历并回复求职者简历是否合适。我会将合适的简历存档，如果公司有岗位空缺，我会先查看这些简历。如果我的文档中已经有合适人选的简历，为什么我还要花数百英镑在招聘广告上呢？

——生产制造公司总经理

确保你的简历投递给正确的人。我们的名字能够在网站上查到，因此如果求职者称呼我为“先生或女士”，可知他并没有用心。同样，我们也不允许简历中犯任何粗心的错误。我们收到的很多简历很明显是群发给多个公司的，这种情况就算对方说“我一直很想在贵公司工作”也无济于事。

——戴维·贾尔斯，纳塔莉·威尔肖和保罗·特纳，就职于西地直升机有限公司人力资源部

第15章

面试：留下良好的第一印象

祝贺，你的简历奏效了，公司想让你来面试。你现在该做什么？本节将介绍面试的相关问题。例如：如何给雇主留下良好的第一印象？如何向面试官提问？同时，本节还会分析不同类型的面试，如群面、评估中心法、能力倾向测试以及心理测试等等。

为什么面试单位要安排面试环节

为什么雇主不能仅凭借查看你的简历就判断你是否能够胜任相应的工作？为什么雇主需要面试你？如果对方面试你，你就能够确定自己是十几个申请者中的一员，你需要具备的能力包括：公司所需的关键技能、资格、能力和成就，适合职业发展道路的知识和经验，较强且稳定的就业能力和可靠性。

你潜在的雇主现在需要确保你具备完成工作的专业知识、技能和经验，具备优秀的个人品质，对工作有热情并愿意长期为公司付出。

雇主面试的目的是更充分地了解你，你需要：确保自己具备简历中陈述的相关技能和经验，澄清简历中陈述的任何模糊、缺失或不利于你获得相关工作的信息，补充简历中没有提及的信息。

面试流程

大多数面试官给每位候选人的面试都大同小异，通常遵循一个基本的框架。

开场白

开场白主要是让求职者放松，通常包括介绍和简短的聊天。接下来，面试官通常会简要地介绍工作和公司，并概述接下来要做些什么。

常规问题

面试官会问和你技能以及经验相关的问题。公司根据工作描述为每一位求职者都准备了一些常规问题。通常，面试官会让你描述一下你目前的工作或工作职责。一些开放式问题是考察你如何能够在目前的工作中运用你的专业知识、技术和能力。

针对每个求职者的提问

面试官根据你的简历提一些具体的问题，这通常是面试中棘手的部分，面试官可能会挑出简历中的问题来提问。但是，你要往好的方面去想，这是你向他们叙说你工作经历的一个好机会，可以打消他们对聘用你的顾虑。

面试官提问题通常逻辑清晰并有迹可循。但是，有时候在面试快要结束时，面试官可能又会回到之前的问题以获取更多相关信息。因此，当面试官询问之前已经提过的问题时你不要慌张，尽量多分享一些信息。

向面试官提问

面试官提完问题后，通常会问你是否有问题要提，你最好提前有所准备。一个好的或者有价值的问题会给面试官留下深刻的印象，这在后续章节会详细说明。

结　尾

通常面试官会告诉你接下来会有什么安排。例如，是否还有其他环节——第二轮面试或评估测试。他们会告诉你什么时候和在哪里查看面试结果，会以电话还是邮件的方式告知。如果对方公司可以报销你面试及往返路费，那么费用可以在这个时候结清。通常，面试官会以感谢你的到来结束面试。

为面试做准备

如果你想要有一个好的面试，那么请确保你：

- 从招聘的广告，工作描述以及任何其他信息中了解工作的确切内容。
- 具备所需的技能和能力。
- 可以举例说明你在何时何地展示过这些能力。
- 可以自信而热情地展示这些例子。
- 在你的外表和行为中显示出组织想要的个人品质。

- 说出这些例子的时候能够充满自信和激情。
- 自己的仪表和言行举止展现出公司想要看到的品质。

一场好的面试最关键的就是准备。你需要投入时间和精力，确保在面试当天自信满满，保持一个积极向上的形象。

面试在细节上可能会有细微的差异，但可以确定的是每一位面试官都会详细询问你在工作描述上提及的技能、资质和个人品质。简历中与雇主要求的技能、资质和个人品质不太相符的地方也是雇主提问的重点。他们希望了解你申请该公司的原因以及你如何能够胜任。因此，你的准备工作包括：证明你具备所需的技能、品质和经验，解释简历中呈现出来的缺点，对行业或部门的整体了解（尤其对你所申请的公司），你申请这份工作的理由。

展示你的技能

面试官不可能来核实你的工作，所以你需要通过其他方式说服面试官你具备他们所需的能力。你要能够说出自己使用相关技能以及由于具备某些品质而成功完成工作的次数，这也展示了你在某方面经验丰富。重新读一遍广告、工作描述以及所有你具备的信息。确保你了解工作的责任与义务及所需的技能、品质、经验和资质（可参见第 1 章）。

在浏览信息的过程中你要思考一下自己具备的相关信息：具体技能，经验领域，责任，资格和培训，知识领域，品质和特点，能力。

列出所有的内容，然后写下你在何时、何地展示过某项品质。例如，如果招聘广告上要求求职者能够在压力下保持镇静，那么你可以举一个例子说自己曾经在截止日期前完成了订单，说明你是如何保持冷静、有条理地根据事情轻重缓急将工作排序，并使公司免于巨额罚款。你要确保对每个招聘要求都能够举出一个很好的例子，如果你当前的工作不能为你提供素材，那么你还可以考虑其他工作，如：之前的工作，没有薪水的职位（如志愿工作、公益组织和运动队），你的个人生活。

根据这些笔记重新组织语言，将它们转变成有趣、简洁的逸事。如果面试官问，“面对不友好的顾客你会怎么办？”这时候你不应该说“我会做×××”，而是告诉他你之前也遇到过类似的顾客，你是如何巧妙应对的。将这些例子记住并反复练习直到你能够自信地说出为止。在面试中，你可能会因为紧张而忘记一些内容，因此你需要反复练习才能够脱口而出。如果条件允许，那么你可以让你的朋友假扮面试官，这样就可以让你先习惯这种氛围。有时候面试官会换一种方式提问，你要留心听，适时举一些例子来证明你的能力。

解释工作

检查你的简历以及工作描述，是否有明显的漏洞，例如：缺乏相关技能或经验，缺乏某一领域的经验或缺乏相应的资质。

如果你的简历确实存在一些漏洞，那么面试官一定会提问，因此你要进行预判并做好充分的准备。可能最后你准备得过于充分，没有问到的问题也准备了，但至少你会能够更加自信、从容地面对面试，因为你知道自己已经准备好了答案而不是害怕面试官提出一些刁钻的问题。

- 你可能在不知道某些技能或经验是否相关时漏写了一些技能或经验，在这种情况下，你可以准备一些证明自己能力的例子。
- 如果你缺乏相应的工作经验，那么你可以告诉面试官你做过志愿者工作或在其他领域做过类似工作，以及你的工作经验与所申请工作的联系。
- 你的实践经验是否弥补了你的学历或培训的空白？年纪较大、经验丰富的人由于晋升至新的岗位也需要重新学习。
- 你是否愿意通过培训来填补空白？你是否愿意花时间参加自费进行培训？如果你能举例说明你学习的速度有多快，或者你如何成功地完成工作和培训的，那将会有所帮助。

你简历中的另一个问题可能在于你在就业上有一些问题，例如：有职业空窗期，频繁跳槽，没有晋升，突然改变职业方向或在工作选择上前后不一致。

和之前一样，不要撒谎，你要提前准备和思考如何解释。如果你有充分的理由解释你的职业空窗期或为何频繁更换工作，那么你可以告诉雇主。如果你那段时间在旅行，那么你可以告诉面试官你在那段时间学到的与工作相关的内容，你是如何与各行各业的人相处或应对挑战的。你解释清楚后——无论是什么原因，雇主通常都能接受。

如果你没有更好的理由，那么你可以解释当时的情况以及是什么原因促使你那样做的。不要让面试官觉得你在为自己找借口，而要强调你现在已经变得很不一样了，以及如何变得不一样的。

行业知识

我们已经了解到行业知识对于准备简历以及查明向谁申请的重要性，这与准备简历同样重要。你在公司的职位越高，面试官对这方面的要求就越高，但无论你身处哪个岗位，了解公司岗位对你的工作申请都非常重要。对公司背景的足够了解能够提升你的自信以及面试表现。同时，了解公司相关情况也能让你自己决策是否真的要在某个公司工作。

大多数人都会查看公司的官网。你在面试前至少要了解关于公司的三个重要的方面：

- 公司的文化、使命和价值观。这些可以从公司主页上找到，尤其“公司简介”部分会告诉你公司相关的概况。
- 公司的新闻。公司的“新闻”板块可以了解公司最新消息。如果想要了解更多，那么你可以将公司的名称输入搜索引擎，查看相关文章或者可以从搜索引擎注册特定提醒，以便了解任何新的新闻发布。
- 公司的重要人物。了解其名字非常有用，但查看其照片或个人简介更能够让你的脑海中呈现一个鲜活的人物。

除了公司网站，你还可以在新闻组、兴趣小组和聊天组、专业组织网站、专业的社交媒体网站查找背景信息。除了了解公司概要之外，如果在面试前时间充裕，你还可以思考以下几方面问题。

公司经营

- 公司的产品和服务是什么？
- 公司在市场上的概况如何？ 它是如何被人看到的？
- 公司的产品或服务的生产方式和地点？
- 公司的供应链或分发渠道是什么？

客　户

- 这些商品或服务的市场是什么？
- 公司的实际客户是谁？
- 公司的市场在扩大还是缩小？
- 在市场扩大或缩小时，公司采取了哪些措施？

公司的组织形式

- 公司的规模多大？
- 公司是单一制还是集团制？
- 公司是跨国公司吗？
- 公司是否有很多子公司和部门，还是权力集中？
- 公司内部部门的结构如何？

竞　争

- 公司的竞争对手是谁?
- 公司目前的发展情况如何?
- 公司的定位是什么?

公司的历史

- 公司是如何成立、何时建立以及如何发展起来的?
- 公司最主要的成就是什么?
- 公司之前的规模比现在大了还是小了?
- 公司的市场、声望是在增大还是减少?
- 公司是否有收购、合并，规模如何?
- 公司近年来发生了哪些根本改变?

公司未来的发展方向

- 公司的愿景、使命是什么?
- 公司现在的优先项目是什么?
- 公司的前景如何?
- 目前和未来公司的主要业务是什么?
- 目前公司和整个行业面临的最大挑战是什么?
- 公司最大的机遇是什么?

你为什么想申请这个工作

你要非常清楚自己是否符合工作要求，该工作是否有助于你的工作发展以及契合你的整体目标，这份工作与你当前工作的联系。你能为公司创造什么价值，而不是你能从这份工作中得到什么，同时说明这份工作：

- 与你的技能和能力相匹配。
- 和你现有的经验相符。
- 能够让你运用技能解决公司问题。
- 与你的背景和经验相关，让你能够成功地解决问题。
- 让你有机会在自己心仪的公司或行业工作。

留下良好的第一印象

面试中的第一印象十分重要。你回答问题的方式、着装、肢体语言都展示了你在简历中无法展示的一面。面试官已经了解了你的技能、资质和经验。他们需要在面试中看到的是你的个性品质和激情。

但是，不要伪装成别人，例如非常自信、活跃、雄心勃勃等等。做自己，但要做最好的自己，快乐、自信、热情和敏锐。

正如本书在第2章中写到的那样，公司希望求职者能够为公司做贡献，与公司文化契合、积极主动和参与到工作中去。一些个人品质在工作场合极受重视，能够在面试时帮到你。

这些品质包括：友善，悟性强，积极向上，有竞争力，正直和适应能力强。

友　善

大多数雇主喜欢那些思想开放、具有合作精神和交流能力强的员工。你自己可能更喜欢同那些友善和思想开放的人合作，而不是同那些思想保守和僵化的人合作，面试官也同样如此。

平易近人的人更好相处，因此雇主也会在面试时在求职者身上寻找这些品质。如果你思想开放、能够积极回应面试官，你就能在面试中拔得头筹。记得在面试中要保持微笑并且乐于分享自己的信息，不要让面试官套你的信息。避免用一个词，例如是或者否。在回答问题时，你尽量要用一句话、用一些例子来强调要点。

悟　性

在面试中，如果你能够提问题并且饶有兴趣地听取回复，能够展示你的好奇心进而展示你的悟性。提问能够显示你对自己的专业以及公司的了解程度，同时也能够展现你对自己所申请工作的热情。

面试官对那些能够积极与他们互动的求职者比那些只是在简历上看起来优秀而在实际接触过程中不参与互动的人要友善。因此，面试官在讲话时要注意倾听，当他们和你说一些事情的时候，你要微笑和点头示意，回答问题时要保有激情。展示出对工作真正的兴趣能够极大地提升你面试成功的机会。

积极向上

坐直、精神饱满、表达清楚、微笑并保持眼神交流，让面试官看到一个积极向上、自信、乐观和能够为公司做出贡献并愿意积极合作的形象。

你必须保持自信，但是也没必要咄咄逼人、踌躇满志或傲慢自大，你只需要保持安静、积极向上并且对自己以及自己的能力充满自信。雇主希望你是一个能够值得托付工作的人，如果你对自己的能力不自信，那么你会破坏这种信任感。

回答问题时一定要积极向上，不要为你的缺点道歉。

样　例

面试官问："这份工作要求员工能看得懂试算表。你具备这种能力吗？"

你可以回答："抱歉，我只是在家里有做账，没有其他相关经验。"

或者你也可以给一个积极的回答："我看得懂，我用微软的Excel表格做账，所以我很擅长。我相信自己很快就能够熟悉它的商业用途"。

无论多么紧张，你都要保证你说话听起来自信满满：

- 在说话前停顿一下，做一个深呼吸。这样能够放松你的声带让你的声音听起来更加平稳。
- 说话时声音压低一点，用丹田而不是喉咙发音，这样能够让你声音听起来不那么刺耳和颤抖。
- 比平时说话时慢一些和清楚一些，这样你就不会磕巴，不会说一些没有逻辑的话语，也会让你看起来更稳重。
- 记得保持微笑，这能够让你的声音听起来更温暖，放松你的舌头和脸颊的肌肉。

你要主动向面试官介绍自己以及自己的能力，换句话说，你要能够自吹自擂。大多数人其实并不擅长这一点。你如何能够告诉面试官你具备哪些能力又不会让别人觉得你是在吹牛呢？如果你不太喜欢用“我是”和“我能够”这种句子开头，也可以试试其他句型：

- 我觉得我……
- 我认为我是……
- 我过去的成就表示……
- 我的经历告诉我……
- 别人说我……
- 同事说我……
- 我的老板可能会说……
- 朋友说我……

竞争力

你要做的第一件事情就是准时到达面试地点，并做好充分的准备。在面试时梳妆打扮一下，让自己看起来精神一些，确保自己带了面试所需的材料，例如笔记本、简历以及对方要求你带的作品等等。

如果对方发了面试细节给你，那么你一定要妥善保管。一紧张你可能会忘记一些事情，例如：采访你的面试官的名字，他们的办公室在几楼，等等。经常出现的情况是，许多人参加面试都是在大型多功能办公楼，因此虽然记住了地址，却不记得究竟是哪一家公司的面试。

正　直

许多面试官还是依赖传统的方式，凭直觉判断求职者是否诚实，因此你需要通过传统的方式展示你的诚实可靠，例如：主动握手、和面试官保持眼神交流、倾听面试官、避免一些因紧张而引起的不良习惯。通常，面试官会直接问相关的问题，所以你要认真听，例如：

- 你最弱的是哪方面？
- 你认为最难处理的问题是什么？
- 你在职业生涯中不得不面对的难题是什么？
- 描述你曾经不得不承认错误的经历。
- 描述一下你曾经向经理寻求帮助的经历。
- 你有没有在一些事情上与大众有不同观点。
- 你是否愿意冒险？
- 你觉得哪一类员工最难相处？

这些问题都是为了评估你是否诚实、正直和自觉。回答与工作相关的问题时要诚实和专业，避免过度分享也不要虚张声势。

适应能力强

在开始新工作和结识新朋友时，你难免会遇到一些挑战，你应当表现出一种积极向上的热情。展示你想学习和发展的意愿和你的适应能力。展现你对发展现有技能和知识以及增长现有经验和职责的兴趣。如果在面试中出现任何意外情况，那么你都要保持镇静、冷静和自信，这表明你能够轻松适应不断变化的情况。

想一下你在何时何地展示过这些品质，因为你在面试时具备这些就业能力非常重要。面试官已经了解你具备在大多数情况所需的能力，这是他们给你面试机会的原因。现在，他们和你面对面交流是为了评估你个人的品质和态度，看你是否具备运用这些工作技能所需的个人品质，让你能够为公司做贡献。

例如：有这么一个合格的候选人，他完全符合工作描述，并且完全准备好去谈谈他的技能和资质。他觉得自己在面试中发挥得很好，但最后他没得到这份工作，并且这种情况已经不是第一次了。

最后，一家公司在面试后给他提供了反馈。面试官告诉他，虽然他的技能和经验给他们留下了深刻的印象，但他在面试中有所保留、心不在焉并且优越感太强。他意识到自己一直专注于提高自己的技能，以完美匹配公司的工作要求，从而变成了一个机器人，只懂得工作，没有个性。面试官担心他不能够很好地融入公司、不能与其他同事打成一片，以及不能成为团队中的一员。

接到反馈后，他将更多的精力放在展示个人品质，提升自己的受欢迎程度上。在下一次面试中，他放松、微笑，对面试官温暖、友好和自然。此外，他更多地表达了自己对公司和部门工作的兴趣，提出了相关问题，并在回答中援引了公司的文化和价值观。在回答问题时，他也强调了自己在团队中扮演的角色，如何为公司做出贡献，而不仅仅关注他的个人表现。他的面试有了好的结果，不久就找到了工作。

仪容仪表

当你踏进面试官办公室的那一刻，面试官就已经对你形成了一种印象。你的仪容仪表与你回答面试官的答案应该传达同一个信息，你是专业、自信、经验丰富和具备工作能力的。无论你穿的衣服还是你的坐姿，都要给人一种专业的感觉。

你的总体形象

面试着装尽量要干净和整洁，并且注重细节，指甲修剪整齐、擦干净鞋，这不仅能够让你感觉自信而且还能让对方看出你对面试做出了一定的努力，这是面试官所期待看到的。

着　装

当今社会职业道德关乎团队合作，因此你的着装应当符合公司的要求，具体可参照所申请公司员工的着装。如果你对你所申请的工作十分了解，那么你应该知道公司的着装要求。如果你进入一个新的行业，那么你可以研究一下该公司的着装要求，可以查看该公司的宣传册和新闻，了解公司员工展现的形象。如果该公司的员工西装革履，那么无论你是男性还是女性都应该在面试时穿一套西装，但如果该公司的员工的着装是牛仔裤和衬衫，那么你在面试时穿得休闲一些可能更合适。

你如果有疑问，可以问一下做这类工作的员工有什么建议，进出该公司的员工穿的衣服是怎样的，或者直接打电话给这个公司说你要在这里面试，问对方着装要求是什么。

无论你穿的是三件套的西装还是便装，都需要展示一个高度专业的形象：

- 穿的衣服要熨过，干净、清新和整洁。
- 应该穿得好像你要去参加重要的会议或做报告，而不是和平时一样随性。
- 好的衣服质量也能够展示你的个性品质。无论是正式的西装还是商务休闲装、天然纤维制成的精致成衣，都能给面试官留下一个好印象。
- 深色调比浅色调的衣服显得更有权威性。
- 简单的颜色比花花绿绿的图案更不容易分散人们的注意力。
- 应当避免穿太短或者太紧的衣服；极端，衣服风格和颜色不要太显眼；装饰品过多，分散人的注意力；花哨的领带、耳环、公文包，让你显得不那么专业。
- 如果你买了一套新衣服，那么在面试前穿几次，在家里穿一次也好，确保衣服穿起来舒适，你坐下不会让衣服缩上去或歪歪扭扭，站起来和握手时不会让衣服撕裂。

仪　态

你的仪态能够展现你的自信、能力以及兴趣：

- 站直、收腹、抬头、挺胸。
- 举止从容镇静，时刻关注自己的仪态。
- 抬头，环顾四周，但不要凝视地板，表示你对周围环境充满兴趣。

- 与面试官进行眼神交流。
- 保持微笑。

行为举止

第一印象

以友好、自信的方式问候面试官，这样对方会留下深刻的印象，你也能感到自信。在进入房间前，你要花点儿时间调整自己。保持一个自信的姿态，挺胸、抬头、深呼吸。你进入办公室时要保持微笑，与面试官和房间内所有人都保持眼神交流。记得进入房间后要关上门。

当面试官介绍自己时，你可以说“你好，很高兴认识你”或“很高兴见到你”，握手时应当坚实有力。如果面试官让你坐下，你就坐下，如果面试官忘记了，你需要等一会儿，问一下，“我要坐下吗？”或者“我能坐下吗？”

让面试官主导整场面试，并且及时回答面试官的问题。关注面试官的行为和节奏。请记住，这是面试官的领地，所以不要试图主导这场面试。不要操之过急地握手或坐下，让面试官主导和控场，这不仅仅是基本的礼貌，也是重要的办公室心理学。

维护形象

给面试官留下良好的第一印象。运用一些肢体语言，让你看起来自信、可靠、热情、反应迅速、充满活力、悟性高、对公司充满兴趣。能够察言观色，保持放松的状态，避免因紧张而产生的习惯：跷二郎腿、双臂交叉、坐立不安、敲击或咬指甲。

- 坐好，不要坐在椅子的边缘。
- 坐直、双脚着地，将双手放在大腿或椅子的扶手上。
- 抬头看着面试官，倾听时身体略微前倾。
- 保持眼神交流，不要紧盯着一个地方，可以看着面试官脸上的不同地方：嘴巴、脸颊和眉毛。
- 当面试官问你问题或者向你解释一些东西时，你可以点头表明你在认真倾听。
- 记得要保持一个温暖、自然的微笑，而不是僵硬的咧着嘴笑。
- 当你放松时，你可以用一些自然的姿势强调你的观点，展示你的个性品质。

如果你感觉累了或者没有精神，那么你要坐直、吸气，调整坐姿、姿势和面部表情，这能够让你看起来更加精神和注意力集中。同时，如果太过紧张，那么你可以看一眼其他地方，从丹田吸气，放松肩膀，让你的手自然地落在大腿上。这样会让你看起来像是在思考，并且能够重新拾起自信。

最后的印象

临走时要给面试官留下一个好印象。最后的印象和第一印象同样重要。面试官之后回想你的面试过程时会影响他的判断，注意“结束”的信号。面试官可能会说“我们下周会联系你”，或者“谢谢你来参加面试”。注意和面试官保持眼神交流、微笑、握手并感谢面试官。你可以说“和你交流很愉快”“期待收到你的回复”“这个下午过得非常有趣，期待你的决定”，然后自信且果决地离开，不要四处闲逛等着对方告诉你该怎么做。

在你离开大楼后，面试才结束，等你走远以后再松开领带、翻动手提包或者点一支烟。这一原则也适用于你工作时的情形，可以查看本章末黛比·麦克艾克的点评。

克服紧张

每个人在面试时难免紧张，面试官会比较仁慈，会综合考虑紧张因素对面试的影响。面试官不会仅仅因为你一开始有一点儿紧张就把你淘汰。但是如果你在整个面试过程中都非常紧张的话，那么他们会担心你今后在压力下的表现。如果因为紧张，你不能够很好地回答面试官的问题，那么面试官可能永远也不会知道你具备什么样的能力。不要害怕紧张，也不要因为紧张而影响发挥。准备充分可以提升你的自信心。你了解企业需要什么，你为什么适合这个工作，你在何时何地以什么方式展示过岗位所需的技能。

提前练习面试技巧，例如进入面试房间、握手等等，练习这些技能到自信流畅为止。同时，你也需要练习回答面试问题，熟悉这些问题。确保你在面试前能够做到井井有条，可以预测或者避免一些意想不到的问题。确保你知道去哪里面试，怎么到达面试地点，反复确定面试日期、时间以及你将要会见的人的名字，在面试前一晚做好以下准备：

- 一份简历和工作申请表。
- 公司的名字、地址和电话。
- 手机充满电，避免因意外情况或延误而造成手机关机。
- 车钥匙和乘车用零钱。
- 面试所需的其他文件或设备。

在面试前一个小时最好不要喝茶和咖啡。咖啡因和任何对膀胱有刺激作用的饮料会让你坐立不安，尤其是当你紧张的时候。不能喝酒，因为你需要保持头脑清醒。

当到达面试地点时，你得先找一个更衣室，认真检查一下自己的仪容：头发、牙齿、妆容、纽扣、拉链、裙摆、裤袜是否有脱线。做一下放松练习，让你不这么紧张：

- 耸肩，甩手臂放松。
- 缓慢吸气并数3秒。
- 屏住呼吸并数3秒。
- 缓慢吸气并数5秒。
- 屏住呼吸并数5秒。
- 呼气并数7秒。
- 正常呼吸。

紧张会让你的身体产生以下反应：耸肩、交叉双臂、跷二郎腿和低下头。在面试开始前花点儿时间有意识地放松身体。抬头、挺胸、双脚着地、双手放在膝盖或者椅子扶手上，深呼吸然后回答第一个问题。

专家点评

态度很重要。一个人的兴趣、奉献精神和对工作的自豪感要在面试中体现出来。

——玛吉·费洛斯，英国西南劳工联合会项目经理

实际上，面试在你刚进入公司接待处就已经开始了，公司可以问前台接待员他们认为候选人怎么样，他们刚到公司时的第一印象如何。有没有礼貌？是否友好？甚至可以说面试是从停车时候开始的，例如：不要停在总经理的停车位上。

——黛比·麦克艾克，劳斯莱斯资源中心经理

第16章

如何回答面试问题

本章将会介绍面试中常规的问题，下一章将针对不同类别的工作讨论面试中的具体问题。这一章既会讨论面试中的常规性问题也会解决一些棘手的问题、你不大愿意回答的问题，以及在面试官问你是否有问题要问时你该如何回答。

在详细介绍前，我想先以一个高度概括的方式研究一下面试中提问的重点是什么。

简言之，面试官想要知道以下三个问题：你能胜任吗？你能完成这项工作吗？你能融入这家公司吗？

这就意味着面试官真正问的问题只有这三个，所有面试中提的问题以及我们之后看的问题都是这三个问题的变形。

问题1：你能胜任吗？

这个问题考查你是否具备完成任务的技能和经验。

这个问题有以下几种问法：

你具备哪些相关经验？

为什么你觉得自己能够做好这份工作？

你的强项是什么？

你能为公司做出哪些贡献？（你的职责）。

你会如何解决问题？（典型的工作问题）。

告诉我你曾经（处理一个典型工作情况）的例子。

当（一个典型问题）出现你会怎么做？

要回答以上问题，你需要了解工作所需的技能和经验以及自己具备哪些工作技能和经验。思考一下你的工作技能和经验如何能够适用于新的工作。你的回答既可以是比较宽泛的技能（如组织能力和够沟通能力），也可以是比较具体的工作技能。

问题2：你能完成这项工作吗？

这个问题考查你是否对待工作热情积极，具备良好的职业操守？

这个问题有以下几种问法：

为什么你认为这份工作适合你？

你对待挑战的态度是什么？

你最大的成就是什么？

在你眼中，怎样才算是做好了一份工作？

你对工作的期待有哪些？

你认为要想在这个领域取得成功需要具备哪些条件？

你是一个雄心勃勃的人吗？

回答以上问题，你需要了解这份工作有哪些吸引人的地方以及你具备哪些优秀的品质。思考你的这些优秀品质如何能够契合工作要求以及这份工作、这家公司和你整体的职业规划的关系。

问题3：你能融入这家公司吗？

这个问题考查你是否了解公司的愿景，为实现公司愿景公司每个员工应该做出哪些努力。

这个问题有以下几种问法：

你能否和他人相处融洽？

如何能够成为一个好的团队合作者？

描述一个你与同事（主管或客户）之间产生的问题以及你是如何解决这个问题的。

你如何应对批评（意见、建议、命令）？

你的同事是如何评价你的？

你了解我们公司哪些信息？

你认为我们这个行业的几大关键发展领域有哪些？

这就是你需要了解公司的文化和价值以及它们如何匹配你的价值观的原因。根据你的经验思考怎样的人称得上是好员工和好同事？他们具备哪些优秀的品质？

你在脑海中要想清楚这三个问题的答案，并确保你知道如何回答面试官的问题，这样的话你就能够应付所有的面试。

现在你已经掌握基本的面试技巧，接下来本书会更加详细地介绍面试问题以及如何回答具体的问题。

三条黄金准则

回答面试问题时有三个黄金准则。这些准则听起来可能很简单，但在紧张状态下很容易忘记，当你和朋友或家人练习面试技巧时，请记住以下三点：

- 认真听面试官提的问题，在回答时不要跑题。回答问题时不要离题。大多数人只能够保持两分钟的注意力，所以你的回答应当少于两分钟。

- 用具体的例子支撑你的答案。不要简单地回答我要做×××，你可以用一些具体的例子来支撑你的观点，具体可参见后文。
- 不要闲聊。当你回答完问题后就不要继续说话了，不要因为面试官不说话你就开聊一些无关紧要的话题。当你回答完一个问题后可以加上一句“希望我回答了您的问题”之类的话，保持微笑并等待下一个问题。

除了上述三条准则外，你可以在回答完每一个问题后都提醒自己回答的内容要“与这份工作相关”。

面试官会提什么问题

大部分面试官会准备两套问题，一套是常规问题，另一套则是针对你的情况提问。常规问题面试官在面试前就准备好了，面试官会根据工作要求看求职者是否符合工作要求。常规问题包括，“你认为工作的重点有哪些？”“举一个你曾经激励团队成员的情景，你是怎么做到的？”面试官通常对所有求职者都会问这些问题，也就是说面试官在这一阶段看的是求职者与工作要求的匹配程度。相反，面试官根据不同求职者提出不同的问题则是基于每个人的简历来更加全面地考察个人情况。

面试官提出的大多数常规问题都是行为性问题，即基于你过去类似情况下的行为来判断今后出现类似情况你会怎么做。面试官会列出六七项与工作相关的关键技能和经验，并问你曾经展现这些能力的次数。

这些问题不仅仅考察你的经验，更考察你的技能。你的回答不仅能够展示你的技能，而且还能够展示你的工作方式和个性。

你要仔细阅读工作描述以及要求，列出工作所需的能力，并且准备好你实际运用这些能力的例子。回答问题时要举出具体的例子——你在过去是如何处理这些情形的，例子要简短且全面，涵盖所有要点。

回答要点

你可以使用四步法则组织思路和给出详尽的答案。这个方法称之为“STAR”法则，意思为：

- 情境（situation）：事情是在什么情况下发生的？
- 任务（task）：描述一下你的任务，包括遇到的特殊问题或者考虑的情形。
- 行动（action）：为取得比较理想的结果你采取了哪些行动，使用了哪些关键技能。
- 结果（result）：你采取的行动取得了哪些结果？着重于你为公司、客户和同事创造的价值。

运用STAR法则组织语言，开头先描述一下事件发生的情形，结尾可以说你采取的行动取得了哪些成果。用全面且简短的语言描述一下当时发生的情况，重点描述你为解决问题而采取的措施和取得的积极成果。

案　例

问题：你在工作中是否出过错？你是如何纠正的？

情境：我们在×××公司的项目通常是以一年为周期的，但有一次顾客要求我们在9个月内完成。我是当时的项目经理，要帮这个项目做规划。但是，我没有考虑到假期会有10天的停工时间。

任务：我不得不在一个已经十分紧迫的时间内重新安排项目，并动员全体员工适应这种改变，确保为我们重要的客户提供一流的服务。

行动：我认为关键在于停工前做好准备，这样可以尽可能地节省时间。我为此做好安排，通知供应商并组织团队。

结果：在停工前一切都在正轨，员工在休息放松回到工作岗位后，没有感到太大的压力，并且有动力继续完成项目。最后，我们甚至有空余时间来完善整个项目，客户非常满意，并且增加了几个订单。

在你回答完以上问题之后，面试官可能会提一些其他问题。例如：你是怎么确保团队员工适应工作安排的变化的？你如何确保供应商能够准时交货？

这些问题能够让面试官充分地了解你过去在面试中是如何表现的，以及你今后可能会有怎样的表现。

常规问题

下一章会介绍不同类别工作的面试问题。但是，在面试中有一些常见问题。你如果现在做好打算并加以练习，就能够准备充分。尽管有些问题可能换了一种问法，你还是能够自信地回答它们。

问题：你有相关的工作经验吗？

在准备面试的过程中你能够了解到这份工作有哪些工作要求，你要怎样做才能匹配这些工作要求。例如：

我在（相关职业领域）有×××的经验，我的主要成就包括（相关例子）。我对（相关工作流程、工作设备或工作环境）非常了解，这让我能够很快上手。我了解（工作描述中的一个关键要点，表明你了解这份工作的基本内容），以及（另一项关键工作技能）的重要性。我目前的工作内容需要运用这些技能，这些技能很重要。比如（举一个你运用过这些技能的例子）。

问题：你入职后工作有没有发生变化？你现在比刚开始工作时的工作职责增多了吗？你做这份工作的职责增多了吗？

你在回答时要强调自己很灵活，易于适应改变。告诉面试官你在工作中的变化，包括采用不同的工作方式、完成不同的任务以及运用不同的管理方式。你还可以告诉他们你承担的额外任务和职责，尤其是你得到的晋升机会。当你逐渐熟悉这份工作时，公司老板可能让你承担了更多的工作职责，从而你会变得更加自信，尽管他并没有正式地增加你的工作职责，例如：

我的工作职责增加了许多。我刚入职时，我的主管（经理、老板）会手把手教我，并且时不时要检查我的工作，但现在不用了，这表明我已经完全掌握了工作要领，能够高效工作并且达到高标准。当我对工作更自信后，我开始做×××工作。最近，主管交给我一份工作计划，我安排了工作优先级并完成了×××工作。主管对我工作的信任程度表明了我工作能力的提升，以及我已经能够承担更多的责任了。

问题：你从目前这份工作中学到了什么？你从上一份工作中学到了什么？

面试官希望看到你在不断地学习和成长。你可以思考以下几个方面：你的个人品质，你承担的职责，你获得的实际工作技能。

例如：

我乐于学习，我目前的这份工作教了我很多东西。我通过×××职责学习了×××技能并了解到×××品质的重要性。例如，我曾通过×××展示了这些能力。

问题：你更愿意单独工作还是和别人合作？

根据工作描述修改你的答案。因为在大多数工作中，你既要和别人合作又要单独工作，在这种情况下你可以告诉面试官你很灵活，无论哪种工作模式你都喜欢。例如：

我曾经作为团队一员×××（描述具体情形），我也曾独自完成×××（描述另一种情形）。我愿意接受工作分配，我发现了×××（工作要求的那种模式）的好处。

问题：优秀的团队合作者是怎样的？你在团队中表现如何？

如果面试官问这样的问题，表明这份工作需要团队合作。你可以回答你非常擅长团队合作，你的回答可以围绕以下几个品质，并列举出你展示过这些品质的例子。一个好的团队合作者应该：交际能力强，能够为团队其他成员提供支持；灵活，能够与他人融洽相处并且适应新的要求；无私，将别人的需求视作自己的需求，希望团队能够成功而不是只关注个人表现。

例如：

从过去的经验可知，我喜欢团队合作，珍惜同事之间宝贵的情谊，以及为一个共同的目标而努力的感觉（举例）。我认为一个好的团队合作者应该是×××（从上面几个品质中挑选几个），我试着在工作时展现这些品质。例如：在我的上一份工作中×××（举例说明你非常适合团队合作，并展示以上列表中的品质）。

问题：你为什么想换工作？你为什么要辞职？

准备好一个答案，而且必须是积极的，换工作比较好的原因包括以下几个方面：

- 机会：有发展或者尝试新事物的机会。
- 挑战：更多、更大的责任。
- 晋升：你所申请的工作比你目前的工作上了一个台阶。
- 工资：你的价值已经超出了你目前的薪资水平。
- 名声：你在申请一个名望更大的公司。
- 安全：你所申请的公司更加稳定、工作更有保障（只要所申请公司招聘广告中没有“喜欢挑战和雄心勃勃”就可以）。

- 位置：你所申请的公司比之前的公司位置更好、更方便（这是一个很有效的原因，但不能是主要原因）。

你可以说自己很喜欢目前的工作并解释原因，但尽管这样你还是想要换工作，例如：

我很喜欢×××（目前的工作），尤其是它给予了我×××（你取得的成就）机会。但是，这家公司比较小且没有什么发展前景（晋升原因）。

或者：

我很喜欢×××（目前的工作），尤其是×××（几个关键的点）。但是，我去年学习了簿记（举例），我发现这个工作更有意思。但是我所在的公司近期没有合适的岗位，因此我希望能够申请一份让我充分发挥这项技能的工作（申请的原因）。我相信这份工作能够给我提供这个机会。

问题：你为什么想在这工作？你认为这份工作最吸引你的地方是什么？

思考你能够为所申请的公司做出什么贡献，而不是你希望这家公司能够为你提供什么。可以思考你在哪种环境下能够最好地发挥自己的能力：工作条件、管理方式、工作机会、挑战、公司结构、公司名声，等等。告诉面试官在这些情况下你能取得哪些积极成果，举几个例子：

我在找一个岗位能够充分发挥我在×××领域的技能或经

验，我相信这份工作能够给我提供这样一个机会。我认为这也是我×××方面（经验、资质或培训等）的一个自然发展过程。

我认为×××公司能够为员工提供一个富有挑战性、刺激、给予帮助的环境（举例）。我在×××领域有n年的工作经验并且取得了×××（列举几项成就）。我现在在寻求机会继续发挥我的工作技能，提升我的专业能力。我相信贵公司能够给我提供一次这样的机会。

我喜欢×××（目前的工作），尤其是（列举几个关键特征），但这是一家小公司，发展前景有限（举例）。我认为贵公司能够提供许多挑战，尤其是在×××（你想进一步发展职责和技能的）方面。

问题：请你做一下自我介绍。

这是一个开放式的问题，你可能不知道要从何下手。面试者希望了解：你当前的工作；你的教育和培训背景；你为什么能够做好这份工作，你具备哪些技能和长处；你的经验和成就；这个领域对你的吸引力多大，你是如何进入这个领域的；迄今为止，你最喜欢的一段职业生涯；你未来的目标。

例如：

我是×××（简短描述）。我具备×××工作及相关经验，具备×××技能或资质（列举两三个）。

我的主要成就包括×××（两三个主要成就）。我为公司创造了×××（你提升了什么、降低了什么或者改进了什么）。我相信贵公司能够给我提供一个机会，让我能够×××（你想要做什么或者发展什么）。

回答完这个问题后，面试官可能会继续追问你一些细节，如：你能告诉我更多关于×××的事情吗？你的答案要与工作相关，并且你要举例说明。

如何回答负面问题

一些面试官会问一下比较负面的问题，例如：你讨厌自己目前工作的哪一点？你讨厌上位老板的哪一点？同事做过哪些事情激怒了你？

当面试官问这些问题时并不是想知道你讨厌什么，而是想知道你是不是一个爱抱怨的人。这时候你只需要微笑，给出一个比较中肯的答案。

问题：你讨厌自己目前工作的哪一点？你讨厌上位老板哪一点？

你可以回答，例如：

我认为×××（大家普遍不喜欢的工作，例如：填表、备案、保存记录等）可能是工作中要求最低的内容。然而，这是我的职责之一而且对整个工作很重要，所以我尽可能快速有效地完成工作，以便参与到工作中更有价值的方面。

问题：你认为上任老板的哪方面可以提升？你对你的老板/主管有什么不满？

你可以回答：

我觉得×××是一个非常好的雇主/主管。我觉得他/她给我提供了很多的帮助以及职业发展机会，让我能够勇敢面对这份工作带给我的挑战。

另一类负面问题是，让你进行自我批评，类似的问题如下：你认为自己最大的缺点是什么？你最不喜欢自己身上哪一点？如果可以改变，你想要改变自己身上的哪一点？

面试官并不是真的想知道你的弱点，而是想知道你会如何应对批评，这是你未来是否能够很好共事的一个关键因素。不要告诉面试官你具备一项具有破坏性的缺点，或者声称自己没有缺陷，以下是一些常用策略：说一些大多数人会认为是优点的“缺点”，说一个令人捧腹、大多数人都可以谅解的缺点，描述一个你已经克服的缺点，及介绍一个对工作没有影响的缺点。

问题：你最大的缺点是什么？

比较好的回答包括以下几点：

我有点儿完美主义，如果事情没做好我不会停下。

很多人说我是工作狂，因为如果有需要做的事情没有做好我不会放松。

如果是去年的话，我可能会说是公共演讲或者演示，但我去年报了一个班提升了自己的公共演讲技能，现在这已经不是什么问题了。

我之前不能及时归档，但吃一堑长一智，现在我每天早上做的第一件事就是归档，这让我能够专注于做更加重要的事情。

关于薪水的问题

如何回答与薪水相关的问题？问题是，当你说出一个数字后，这个数字可能低于或高于你的实际价值。因此，等到这家公司愿意给你发入职通知时再谈论这个问题。工资不应该成为你是否想要做这份工作的唯一标准。正常流程是先给入职通知，再谈工资。你可以选择接受或拒绝这个入职通知，或者和雇主商榷。

你可以提前了解一下这份工作的价值，如通过查看这家公司固定的工资标准，其他标注了公司工资的广告，公司所在行业工资水平调查，公司的额外津贴，询问你认识的在公司工作的人（不要直截了当地问，而是问你这类工作的大概薪资是多少）。

问题：你目前所做的工作薪资多少？

你可以回答：

如果我只是告诉您一个数字的话，可能具有误导性，因为公司还有发其他福利除工资外的其他福利，如：加班补贴、奖金、津贴、折扣、养老金、公司配车、员工设施等等。如果您要更具体的，我可以稍微计算一下再告诉您（当他们给你发入职通知时）。

问题：我们公司的工资大概是20 000英镑，你觉得怎么样？你期待的工资是多少？你觉得自己能够拿多高的薪水？

如果你觉得20 000英镑听起来不错，那对方可能就只会给你那么多工资，而不是公司能够提供的最高薪水23 000英镑。你可以这么回答：

我了解到目前这类工作的工资是25 000英镑左右，因此大概是20 000到25 000英镑，考虑到我的资质和经验，我希望我的工资能够在范围区间较高的那一端。

封闭式问题

面试官应当提一些开放式的问题，这样你可以通过列举过去的能力和经验回答。开放式问题有：你喜欢现在工作的哪一点？你和同事相处如何？你认为经理应该具备哪些关键技能？

相反，封闭式问题是用“是”或“否”回答的问题：你是否喜欢现在的工作？你和同事相处得好吗？你认为领导力是作为经理的关键技能吗？

在回答封闭式问题时要当作它们是开放式问题，先回答“是”或“否”，然后再补充一些信息。

问题：你认为交流技能在这类工作中重要吗？

你可以回答：我认为在这类工作中交流技能非常重要。我想举一个关于我上一份工作的例子（运用STAR法则阐述交流技能为什么重要）。

问题：你喜欢你目前的工作吗？

你可以回答：是的，我喜欢我目前的工作，尤其是×××（与新工作相关的内容），但是，我认为贵公司的工作机会能够让我朝着特定的方向发展并运用相关的×××技能和资质。

针对简历提出的具体问题

浏览完你的简历后，面试官想要了解详细信息。他（她）可能想要了解你：

- 是否符合工作要求。
- 以往工作的具体细节：任务、职责和成就。
- 资历不够或过高。
- 是否有职业空窗期。
- 是否频繁地更换工作。
- 离职的原因。
- 突然改变职业方向的原因。

回答棘手问题的几种方式：

- 应和面试官，如果他认为你简历中有一些问题，那么你不要反驳面试官。
- 表示你尊重面试官的观点后再说："但是……。"
- 做出解释，描述当时的情形，淡化问题。
- 强调自那以后你做出了多大的改变。
- 表明这个问题不会影响公司。

问题：你离职很久了。你突然改变了职业发展方向。我们公司太小可能不太适合你。

当面试官提出这些疑问时，你可以做出以下回答：

是的，我很久都没有工作了，曾调整过职业方向，现在似乎看起来资历过高了，我明白您担心我可能不了解公司的规范、对自己的职业发展没有清晰的认识，现在觉得无聊所以才想找一份工作。但是×××（提供一些原因或做出解释），并且×××（举例说明你做出了多大的改变或者现在的情况不同了）。我理解您指出这个问题，但我可以向您保证×××（表明这个问题不会影响你工作）。实际上×××（最好向面试官展示你在那段时间提升的技能或经验，以及它们将如何促进公司的发展）。

问题：你在相当长一段时间里从事了上一份工作。你如何适应这个新岗位?

你要让面试官放心，表明你仍然充满动力并且有自己的目标。如果你能够解释，那么请告诉面试官。也许，这是你在那个领域唯一适合的工作，或者你对小公司的忠诚度更高。你可以解释这份工作内容一直在变，有许多新的挑战。你也可以说自己参与了不同的项目培养了你的适应性、管理能力和灵活性，并举一些例子支撑你的说法。

问题：你在上一家公司呆了n年为什么没有升职?

你可以回答：那是一家小公司或者你已经是处于你所在领域的最高层没有晋升的空间了。说明你学到了哪些、收获了哪些，并强调尽管没有晋升，但是你的工作内容增多了，或者说明没有晋升机会是你现在寻找新工作的一个原因。

问题：你在目前这家公司没待多久为什么这么快就辞职了？

你可以回答：

- 公司裁员或者重组。
- 你或者公司搬迁。
- 那是一份短期或者临时工作。
- 那只是你在找其他更合适工作时的一个权宜之计。
- 选择上一份工作是一个失误，那份工作不是你想象中的那样。
- 情况突然发生了变化，例如：公司要求你全职工作而不是兼职，或者相反。
- 你所申请的工作机会非常好，你不想错过。

问题：你频繁地更换工作是不是有什么原因？

告诉面试官你在几个月内不会换工作了，强调你想要留下的决心和理由。如果之前的公司倒闭、重组或搬迁，那么你可以告诉他们原因。如果你以往的工作是短期合同或者临时工作，你可以修改自己的简历，将短期工作写在一个小标题下面，这样你看起来就不会像是一直在换工作。

有必要的话，你可以说明一下你因经验不足在职业选择上犯了一些错误，但是现在已经准备好稳定下来并为长远的工作做打算。告诉面试官你做出了哪些改变以及你做出这些改变的原因，并且说明你获得的经验也适用于现在这份新工作。

问题：你之前做过一些不同类型的工作。这份工作和你目前的工作不太一样。

告诉面试官你看似随意的选择实际上都是有意义的。大部分人都有自己的天赋和偏好，因此这份工作并不会像想象中的那么困难，可能是因为它们都需要解决问题的技能、人际交往技巧、组织和创造能力，并说明两份工作有什么相关性和相似之处，你习得的技能与新的工作有什么联系，你如何能够将其应用到工作中。

问题：你离开职场很久了。

面试官可能会问为什么时隔这么久都没有人聘用你。你要为失业给出充分的理由。除非是因为评价糟糕或其他消极原因，如果拿到了入职通知却没有参加工作可以向面试官解释。告诉面试官你需要一点儿时间规划自己的职业发展方向而不是随意接受一份工作。你也可以说失业后你有机会做自己喜欢的事情（如旅行），但是要说明你现在已经准备安定下来了。

问题：你辞职后都做了些什么事？

回答这个问题要尽可能让面试官觉得你在失业状态下每天依然过得充实和有条理：

- 不断学习新技能，可以回答你参加了哪些课程学习或训练。
- 有机会或者有更多的时间发展自己的职业兴趣。
- 你做的志愿工作。
- 强调你在找工作时井井有条，例如你做的研究、联系的机构和人等等。

问题：从你的简历来看有很长的职业间隔期，是什么原因呢？

面试官可能担心你存在一些问题，如吸毒、有重大疾病或者家族问题，因为这些问题会一直伴随着你。

如果间隔是因为一些主要的问题造成的，那么你可以告诉面试官这些问题已经是过去式了，你已经做出了改变，并且解释你的方式和原因。说服面试官这些问题绝对不会影响你的工作，并且举一个例子说明你的忠诚度和动力。说明克服这个困难是如何让你变得更强和更成熟的，你可以如何将这个技能运用于现在的这份工作。

问题：为什么你上一份工作似乎比以往工作内容更简单了？这对你而言是不是一个倒退？

告诉面试官这份工作符合你的职业发展规划，也许这能够提升和巩固你的新技能，也许你想要接受训练也需要实战经验，也许你在某一领域的表现已经达到了顶峰，想要在不同的环境发展你的技能和经验，抑或你有了新的生活重心，想要放慢生活的脚步，选择一份压力更小、更省时的工作。告诉面试官你的技能能够对公司做出哪些贡献，不要让面试官认为你把这份工作当作一个无须费力或者“养老”的工作。

问题：你是否感觉自己的能力或者经验超出了这份工作需求？

面试官会担心你会收到一份更好的入职通知，或者因为资质过高不愿意服从年轻或者资历较浅的经理管理。这时候你要告诉面试官如果你觉得自己不适合这份工作的话就不会申请了，并且告诉面试官这份工作最吸引你的地方是什么，你的经验如何能够为这个公司做出贡献。

如果你觉得面试官是在暗示你太老了，那么你可以指出你的年龄优势：

- 你很成熟意味着你是可靠、专业、严谨和负责任的。
- 你遇到并解决了许多问题。
- 你明白与他人的相处之道。
- 你对生活、工作和你的同事有贴切实际的期待。
- 你有许多技能和经验能够为公司所用。
- 你非常忠诚和可靠。
- 你的成就和成绩得到了认可。
- 你经历了过去20多年的科技以及就业革命，非常灵活、适应能力强。

问题：你是否觉得自己缺乏实战经验？

如果你实战经验比较少，那么你可以告诉面试官你明白如何将理论知识运用于实践，以及你学习东西的速度很快，可以举一个例子展示这种能力。强调你在其他领域获得的实战经验以及你如何将这种能力运用于工作中。

问题：你觉得自己学历不高是否会成为一个问题？

这时候回答的重点应该是你的实战经验、技能和专业知识如何能够为企业创造价值。如果你将和学历比你高的人合作，那么你可以举一两个例子简短地说明你过去在一个类似的环境是如何获得尊重和与他人合作的。

不恰当和不合法的问题

就业法严厉打击歧视，如果遇到下列问题，那么你大可不必回答：婚姻状况、子女人数或年龄，国籍、种族、民族或宗教，性别或性取向，残疾人或残障人士，政治派别或法律组织的成员资格，年龄，财务状况，过往犯罪史。

但是，这个问题相对复杂。在某些特定工作岗位，面试官有权提一些比较敏感的问题，甚至可能涉及性别歧视，例如，对于女性护理工作者。面试官可能会问任何对其工作能力有直接影响的问题。面试官不会直接问你是否有残疾，但是可能会问你能否长时间站立，如果工作要求中有这一项内容。

如果面试官问了一个非法的问题，那么你有权说自己觉得这个问题不相关，你可以拒绝回答。但是，这可能会让你和面试官都感到尴尬，让你在剩下的面试中丧失信心。

评估情况和面试官。面试官可能只是关心或同情你而不是歧视。你也可以选择忽视不恰当的问题，换一个角度看这个问题以减轻面试官的担忧："我理解这项工作涉及大量（旅行、搬运和轮班工作等），我可以向你保证，我的家庭责任、残疾、托儿安排和婚姻计划等不会干扰我的工作。"或者你可以说："我可以向你保证，（我的宗教、政治、家庭责任和年龄等等）都不会影响我在这份工作中的表现。"

如果你觉得这个问题不合法，那么你可以回问面试官，例如："我不太确定这个问题与我的工作能力有什么关系。您能否解释一下？”如果面试官明白这个问题是非法的，那么他会立刻问下一个问题。

如何向面试官提问

在面试快要结束的时候，面试官会问你是否有问题要问他们。你不要问类似薪水、工作时长、带薪休假等问题。准备两三个问题展示你对这份工作以及这家公司的兴趣，例如：

- 工作本身：职责、工作的评估方式、公司的部门。
- 机会：旅行、培训、晋升机会。
- 公司：前景和发展。

不要问那些能够从工作描述中了解到的问题，但是你可以要求面试官解释或者询问更多相关的信息。例如：

这份工作前6个月的工作重点是什么？

公司是否提供培训和发展的机会？

目前团队或部门面临的最大挑战是什么？

能否问一下为什么这份工作岗位空缺了？

我在这个公司的发展前景如何？

如果我加入了这家公司，5年后我会得到什么发展？

贵公司是否有内部升迁名额？

贵公司对（一个你感兴趣的领域）的发展计划是什么？

贵公司认为接下来几年这份工作将如何发展？

我对这份工作非常感兴趣，我相信我能够做好，想问一下您是否对我与这份工作的匹配度还存有质疑？

专家点评

说服专家你说到做到并可以举例说明。

——玛吉·费洛斯，英国西南劳工联合会项目经理

我需要了解求职者的弱点是什么，因此我会追问，我想要了解人们从挫折中学到了什么以及在未来会做出怎样的改变，只要他们从错误中学到了教训就可以。

——蒂娜·布坎南，英国海威工程公司总监

第17章

针对不同岗位的面试问题

本章重点介绍特定类型工作的具体问题。不同的工作需要不同的技能，面试官提的问题会将这些因素考虑在内。面试官确定该工作所需的六七个关键技能并你询问展现这些技能的次数，如：请举一个你曾经展示过×××技能的例子。或请举一个例子告诉我你曾经做过×××。记得回答问题时要遵循STAR原则。

他会继续问一些问题，了解更多细节，如：当时的情形是怎样的？你遇到了什么问题，你是如何解决的？最后的结果是什么？如果你知道这样的结果是否会采取不同的方式？

我们根据以下工作类别做了分类：

- 工程类岗位面试问题。
- 创意类岗位面试问题。
- 文职人员面试问题。
- 营销岗面试问题。
- 技术岗面试问题。
- 管理岗位面试问题。
- 客户关系岗位面试问题。

找到和你从事工作类似的小节，阅读问题并思考你会如何回答这些问题。在准备答案的过程中，你会了解到要点，并能提升你的自信，尽管书中的问题不太可能和面试的问题完全一致。

工程类岗位面试问题

面试官想要了解你是否可以胜任和可靠地完成工作。和简历一样，他想要问的关键问题是："你是否可靠？"请参阅第8章"具体岗位简历撰写要点"，了解更多信息。你要向面试官展示你清楚需要做什么以及如何做。在浏览问题和准备答案时，你要专注以下几点：

- 你的实践经验：你所承担的责任、完成的任务和发展的技能。
- 你的关键技能：实用技能，如果你有特定的资格或受过某些培训，请写在答案中。
- 你的个人品质，包括：你的能力和可靠性，你的独立和灵活性，你能够听从安排和指示，必要时查找更多相关信息，你的任何实用的工作品质，如耐心。

在回答问题时请牢记这些要点，重点描述三四个要点并有效地传达：

问题：你最大的优势是什么？你最好的品质是什么？是什么让你能够做好你的工作？

对于这份工作我最大的优势是我的经验、做事可靠度以及我的相关技能。

专注于你实际的长处——经验和可靠性。举例说明你在何时何地以什么方式展示过这些技能。例如：

我认为在这个岗位我的优势在于我的经验、可靠度和我的×××技能。我在×××领域工作了n年，我了解×××领域，熟悉×××生产方式或者设备，这意味着我能够胜任和高效地完成任务。我的现任雇主认为即便在困难或压力下我也能够表现出色。例如×××。

问题：你在工作中遇到了哪些问题？请举出你曾经遇到不得不处理的问题。

请举出你曾经遇到的一个实际问题并且包含以下几个要点：

- 保持冷静。
- 保持清醒的头脑。
- 你的经验和常识让你找到合适的解决方案。
- 向主管或负责人定期汇报工作。

例如：

在工作中，最普遍的问题包括（工程类问题，如机器故障、操作不当、失灵等）。我每天都为总监处理很多问题。例如×××（你是如何解决问题的）。另外×××（你是如何看待问题并且采取预防措施的）。

问题：做反复的工作会让你感到无聊吗？

大部分工程类工作都有固定的一面，因此在回答时你要说你不会觉得无聊。但是，如果工作有需要你也能够灵活处理，那么你需要罗列你在过去遇到的一些挑战。

问题：你是否曾经独立工作过？你具备哪些让你能够独立工作的品质？

面试官想要了解：你是否能够为你的工作负责，你是否能够不需要他人监督就能够跟进工作、解决日常问题，主动采取行动、做出适当的决策。

例如：

我经常能够独立完成工作（解释原因：远程办公没有对接的经理等）。当出现技术问题时（或者在职责外），我向 ××× 咨询。除此之外，我每天都自己计划、解决问题，自己做决策（举例）。

问题：你和主管是否发生过矛盾？

可以说你们从来没有发生过矛盾。你可以说为确保工作顺利完成你需要提出和接受一些建设性的意见。

问题：你是否能够遵守指令？

例如：是的，我能服从上级的安排。和大多数人一样，我希望上级能够交代清楚工作的来龙去脉，我的现任主管非常擅长做这项工作。我要确保自己提前了解工作内容，我会将不清楚的信息反馈给主管（举例）。

问题：你曾经自主做过哪些事情？在什么情况下你独自工作，在什么情况下你会咨询经理？在目前工作中你独自做过哪些决定？

你能很好地平衡服从安排和独立思考吗？你要向面试官展示，当工作需要时你能够独立、负责任地解决问题和做决策。例如：

我目前所在的公司对于我能够做哪些决策、有哪些选择制定了明确的指导方针（你习惯每天做决策）和程序（你能够理解并且遵循指示）。如果出现一些紧急情况且联系不到我的主管时，那么我会根据相似情况做出决策。我会记录下已采取的行动并且尽快通知我的经理（举例）。

问题：速度和准确性哪个更重要？

你需要展示你的反应速度和准确度。例如：

我觉得两者都很重要，我试图合理安排我的工作以便既快速又准确地完成工作。幸运的是，我具备广泛的经验，让我能够快速完成工作又保证质量。

问题：你对健康和安全有什么看法？你认为有没有必要改变健康和安全规则来完成工作？

工程类工作可能需要在危险条件下进行。面试官想了解你是否明白健康和安全的重要性，了解与工作相关的问题，并了解并遵守法规。让面试官知道你是否接受过任何健康和安全培训。

在工作中永远不要忽视健康和安全法规。你应该说自己永远不会这样做，也不希望公司要求你这样做。如果你已找到改善健康和安全的方法，请在回答时说明。

问题：如果有一个人在你的团队中不愿意干活，那么你会怎么办？

面试官提这个问题是为了看你是否能够自己处理日常问题，以及你是否知道何时向老板寻求帮助。你可以回答：

这取决于事情背后的原因。如果是涉及健康和安全问题，例如：有一个人在工作中喝醉了，我会向主管汇报。如果这个人只是在偷懒，那么我会开玩笑地劝他去工作（举你曾经成功解决了这个问题的例子）。

除了上述问题，面试官可能会根据你做的工作提一些具体的问题。但你知道自己的工作包含哪些内容，因此应该能够预测面试官会提哪些问题，包括：你如何处理常见任务，你在不同的情况下会怎么做，你对具体流程的理解，你如何处理突发状况，你使用特定机器或设备的经验。

根据你的经验，完整、详细地回答。

创意类岗位面试问题

面试官会评估你是否能够使用你的技能、才能和专业知识为公司提供解决方案。和简历一样，关键的问题在于“你是否能够完成工作？”请参阅第8章“具体岗位简历撰写要点”并进一步了解其含义。告诉面试官你能够准时在预算内想出具有创意的解决方案。当在回答时，你重点需要考虑以下几个方面：

- 你的工作经历：你学习到的技能、克服的挑战、解决具有创意性问题的经验。

- 你的主要成就：了解自己取得的成绩，并且能够从技术和创意的角度谈论。
- 你的关键能力：你的全部技能以及你是如何取得这些成就的。

面试官偏好的个人品质包括：自我激励，创新，灵活，精力充沛、热情满满，具有韧性，专业。

在回答问题时候，你务必将这些要点牢记在心。

问题：你了解我们的公司吗？

关于这个问题你可以先说一些比较宽泛的，例如公司历史、产品和服务，然后再说你自己的领域，例如产品定位或市场营销策略。告诉面试官这个部门吸引你的地方以及你想要在这家公司工作的原因。

问题：为什么我们要雇用你？

你可以回答你能够为这家公司提供一流的创意解决方案。例如：

我可以提供（一流的艺术复刻品、质量上乘的艺术作品等等），例如（你的主要成就）。我在×××领域有n年的工作经验（回顾你的技能和经验）。

问题：你能够为公司创造什么价值？你的强项是什么？你有哪些杰出的品质？什么让你完成工作？

强调你主要的强项和客户，以及你的成就，例如：

我认为我具备完成这份工作的×××（关键技能或品质）。迄今为止，我取得了×××成就。另外，我了解×××（工作相关的）因素，让我能够为公司做出有意义的贡献。最后，我的强项之一是即便在困难情况下我也能够很好地完成工作。例如（描述你曾经在压力下顺利完成一个任务，而且质量非常高的事例）。

问题：如果我们让你自由发挥，你会怎么做？

你需要了解这家公司，这家公司之前是怎么做的，未来如何计划打算的，无论你的建议是什么，你都必须：清晰地概述你的方案，向他们解释你做出这个决定的理由，告诉面试官你如何能够让公司受益。

问题：你是如何适应工作中的改变和创新的？

关于这个问题你可以从以下几个方面回答：专业协会，专业杂志、贸易杂志和商业杂志，课程和研讨会，在线专业交流小组，交易会和展览，供应商和客户，业务联系人。

例如：

我在这个岗位，让自己了解×××（产品、理念、趋势等等）非常重要。我×××（举例说明你做了哪些事情）。虽然这需要花一些精力但我觉得这对工作非常重要。例如×××（举例说明你因为提前了解某些情况从而让你、你的工作以及整个公司受益的事例）。

问题：你认为你在工作上成功的原因是什么？

如果你说自己一直都很幸运，那么面试官可能会担心如果你的幸运用完了你会怎么办。但是如果你的理由是你具备一些技能，那么这种成功是可以延续的。将你的成功归因于：

- 你学习的创造性技能。
- 你的天赋。
- 同事、导师等给予的支持。
- 你的个人素质和专业态度。
- 你能够充分把握机会。

问题：你对挑战的态度是怎样的？

大多数富有创造力的人都喜欢挑战并认为挑战能激发他们创造出好作品。明确地表示当你接受挑战时，你就没想过失败。可以举一些例子，说明你曾经遇到过哪些挑战，并强调你克服挑战给公司带来了怎样的好处。

问题：你对冒险的态度是怎样的？

你应该要表现得愿意冒险但不是鲁莽。一些不明智的冒险可能会让公司损失金钱或声望。向面试官表示你是懂得计算风险的，例如：

尽管我从没有让公司的声誉受损，但许多创意工作都需要冒险精神。例如×××（举一个你曾经冒险并得到回报的例子，说明你是如何分析风险、权衡各种方式，做出最优决定并及时向负责人汇报的，说明这次冒险为公司和客户以及你自己带来了哪些好处）。但是，在另一个场合×××（举一个简短的例子，说明你曾经想出一种创新的解决方式来规避风险）。

问题：你觉得自己是一个创新能力强的人吗？

举例说明你具备展示自己天赋的能力，将自己的想法转变成行之有效的方案并为公司创造价值。

问题：你如何与不同的人进行互动？

你可能与有不同需求的人一起工作。你可能是一名设计师，要和生产人员、管理人员和客户打交道。你要向面试官表明你有和所有与项目相关人员有效沟通的能力，并且能够传递自己的观点。例如：

在目前这份工作中，我没有遇到任何问题（罗列出你做过的事情，如演示、讨论、报告以及和公司不同级别的人自信而有效地沟通）。

问题：你是不是不喜欢别人批评你？请说出你曾经在工作时被批评的情况，以及你是如何回应的？

表明你可以接受批评，但也能支持自己的想法。例如：

我很成熟，对于建设性的批评完全能够接受。我觉得这些意见能够提高我的工作表现。记得在职业生涯早期（描述一下这个时间以及它是如何发生的，谁对你提出了意见？）。我觉得他的意见很有道理。我们讨论并且（描述你们是如何达成一个双方都同意的解决方案），我从中学到了×××。

问题：描述一个你曾经不得不解决的问题，以及你是如何解决的？

回答这个问题时选择和创意相关的问题，并且描述你是如何运用技术和才能解决这个问题的，不要选择和他人发生冲突的那种问题。

问题：你是否有拿手作品？

如果你说“没有”，那么面试官可能会问你为什么没有；如果你回答“有”，那么面试官可能会觉得你可能已经江郎才尽了。你可以告诉面试官你之前做过一些非常棒的工作，但是你申请的工作能让你做得更好。例如：

我曾经有一些非常好的作品（回顾你取得的成就），但是（描述对方公司的情况）能够给我更多机会做得更好（具体说明有哪些机会，你会如何运用这些机会）。

问题：你对截止日期怎么看？

错过截止日期会意味着名誉受损、失去客户和资金，因此你在回答的时候要说你不会错过截止日期，可以举一些例子说明你在时间紧迫的情况下提前完成了任务。

面试官可能会问你的工作以及专业知识。这些内容都是非常细的，但是你知道你的工作内容包括哪些，并且能够预测：

- 具体的广告或项目信息：你是如何准备的，你遇到了哪些问题，你是如何克服这些问题的，以及你做决策的理由，等等。
- 你是如何完成任务的。
- 你对具体流程的理解。
- 你操作特定仪器和项目的经验等。
- 你如何防范在工作中可能出现的实际问题。

在回答问题时，你要结合自己的工作经验，保持一种对工作的兴趣和激情。

文职人员面试问题

面试官想要了解你是否能够自然地交接上一任员工的工作。和简历一样，面试官想要问的关键问题是“你是否高效？”，可参阅本书第 8 章“具体岗位简历撰写要点”来了解如何回答这个问题。

在准备面试时，你要牢记自己的：

- 关键技能：文字处理能力、语言或簿记技能、运用软件的能力、能够操作特定设备以及了解其运行过程。
- 主要经验：你的工作经验和知识水平，以体现你充分且高效地了解工作。
- 在工作岗位上运用所有工作经验（如监督或者做计划），这在大多数岗位都是非常实用的技能。

问题：你最大的优势是什么？你能为这份工作创造什么价值？你为什么能够做好（你的工作）？

在回答问题时，你要突出你工作效率高，并添加一些细节。

- 熟练掌握特定技能和流程。
- 专业方法。
- 组织能力。

- 能力高、足智多谋。
- 经验丰富。

你可以回答，例如：

我认为我最大的优势就是效率高。我在×××领域具备n年的工作经验并且精通×××（技能）。这些加上我的×××（专业素质）确保我能够高效、专业地完成工作。例如×××（你的工作效率以及你为公司创造的价值）。

问题：为什么我们要雇用你？

最佳的回答应该是你能够无缝衔接、高效地适应工作。你可以回答：

我在×××领域有n年的工作经验，我了解×××（相关程序、专业领域等），我能够很快上手并为公司创造价值。

问题：你是否曾经自主工作过？自主工作需要具备哪些品质？你是否与主管发生过矛盾？你做过哪些事情能够展示你的自觉性？你什么时候会独自完成工作，什么情况会请教主管或经理？你在当前工作岗位需要做哪些决定？你在工作中遇到了哪些问题？请描述一个你不得不解决的一个非常困难的问题。你觉得自己是一个可靠的人吗？你认为速度和准确性哪个更重要？你喜欢分析类的工作吗？你喜欢做细节的工作吗？

具体请参阅“工程类岗位面试问题”及答案。你的回答应该是积极的，例如：

我喜欢分析类的工作。我觉得我具备完成工作所需的能力，如（个人品质：注重细节、耐心、方法论、数理能力），我通过（如资质、训练、经验等）提升了我的能力。我认为这些是非常具有价值的技能，（简要描述你的分析技能为公司创造价值的例子）。（从某种程度而言或从很大程度而言）我申请这份工作因为这份工作能够让我做更多此类工作。

或者你可以说：

我喜欢做细致的工作。我做事有条不紊，可以彻底、有效地完成这类工作。我相信自己也具备完成这类任务所需的品质（有用的品质：注重细节、耐心、逻辑方法），我运用这些技能（具体说明工作的方式和地点，无论是工作还是其他方面）。

问题：你喜欢常规工作和有固定工作时间的工作吗？你做常规工作时会觉得无聊吗？

对文职和行政人员而言，日常工作和固定工作时间是正常的。但如果你回答你更愿意做这些工作的话，那么面试官可能会觉得，如果要加班的话或者有额外任务时你会抱怨。因此你的回答应该要谨慎。例如：

我明白（你所申请的工作）包含大量的常规工作。我已经习惯了，所幸我有一套工作方法，能够彻底、高效地完成日常工作。但是，所有工作都不可能只有常规工作，有时候可能我需要做其他工作或者加班。我已经适应能在突发状况时迎难而上，高效地完成任务了。例如×××。

问题：为什么你说自己是一个有条不紊的人呢？

做行政工作必须非常有条理。用一两个例子证明你具备的组织能力以及组织天分。

问题：你在压力下能很好地工作吗？

你要向面试官展示你过去是如何应对压力的。例如：

我的主管（或经理）认为我能够很好地应对压力。我曾经处理过×××紧急任务、临时任务且资源有限等。在压力大的时候，我会让自己冷静下来，分析情况和可用资源，确定最佳行动方案并迅速有效地采取行动（或你能够得心应手的方式）。我发现在压力下我能够发挥优势并产生满足感，例如×××。

问题：如果有一个同事比较爱聊天，打扰了你的工作怎么办？

面试官想了解你是否能够处理一些小问题，不让这些小问题打扰到你的工作，让你觉得不愉快，这也包括情绪管理。你可以回答：

我可能会对他微笑着说："不好意思，我现在有点儿忙，我们等会儿休息的时候一起喝杯咖啡吧（或者其他符合你性格特点的话）。"不久前，我遇到一个类似的问题（说明你是如何解决这个问题的）。

除了这些问题之外，面试官还会询问你工作的实际情况以及你的专业知识。本书不可能涵盖那些专业化程度高的问题，但你应该能够通过自己的经验判断面试官会问什么问题。他们会问：

- 你是如何在工作中出现突发状况时处理这些问题的？
- 你是如何处理日常任务的？

- 你对工作职责了解多少？
- 你具体的经验领域是什么？
- 你是否了解特定的流程？
- 你是否具备使用不同软件的经验？
- 你是否具备使用特定设备的经验？

根据自身经验提供完整、详细、富有见地的回答。

营销岗位面试问题

面试官最想问应聘者的问题是，“你能将产品卖出去吗？”（可参阅第8章“具体岗位简历撰写要点”。）在回答时，你要突出自己以往的成功销售经验。因此在准备面试时，你要仔细回顾自己过去的工作成就，准备充足的实例证明你的成就，用事实和数据来支撑自己的陈述，强调自己能给公司带来的利益。你也应该回顾自己从事过哪些职业以及所获的经验。你在回答下列问题时，要牢记上述几点。

问题：你对我们公司了解多少？

你要了解所应聘公司的详细信息，尤其是其针对的市场和各类产品。你可以从公司网站、公司报告、公司产品目录或产品指南等类似途径获得更多信息。你需要思考为什么你对这家公司、产品或服务感兴趣以及你为什么希望在这家公司工作。

问题：你认为该行业今后的主要发展趋势是什么？

你可以阅读有关贸易或市场营销的期刊、杂志、报纸，从中概括出这些行业的主要趋势。在面试回答时，你应对行业发展持乐观态度，回答内容应突出行业发展所能带来的机遇。

问题：你希望从这份工作中收获到什么？

回答此类问题时，你既要考虑自己的付出，又要考虑回报。大多数从事销售的人都在寻找挑战和机遇，或者薪酬的增加。你要从订单增加和超额目标带来的挑战，销售成功和利润增加的机会两个角度来考虑自己的回答。例如：

我希望能从事销售。我的工作经历表明我具备（销售、市场营销、电话销售等）方面的才能。而且，我的×××成就也证明了这一点。我在寻找一家公司，拥有×××（一流的产品，或任何吸引你的特点），这样的公司能给我机会，让我继续在这个行业发光、发热，从而取得更大的成就。在我看来，贵公司恰好能够提供给我这样的机会。

问题：你最大的成就是什么？你最突出的品质是什么？你最大的优势是什么？你能为这份工作创造什么价值？

你最大的优势是你的销售能力。你杰出的品质是那些有助于提升这种能力的特质。例如：有毅力、正直、积极主动和了解产品知识等。你要通过举例来说明你具备这些品质：

我最大的优点是具备很强的销售能力。我在×××领域具备n年的工作经验，而我对×××（关键产品、市场或知识领域）的了解意味着我一进入公司就能够胜任并为公司做出巨大的贡献。

我的主要能力和成就是×××。如果我说我的主要优点是即使在困难的条件下我也能完成这份工作，那么我的现任雇主也会赞同。例如×××（描述一次你在困难条件下取得成功的经历，以及由此给公司带来的好处）。

问题：我们为什么要雇用你？

你应该回答，自己能为公司提升利润。把你自己想象成一个产品，找出你的特点和优点，然后推销自己。

问题：你觉得自己需要多长时间才能适应公司？

大多数公司希望求职者在几周内就熟悉工作，并在6个月内就能为公司做出实质性的贡献。解释什么是你在上一份工作中所期望的以及你是如何成功实现这个目标的。

问题：你具备较强的影响力吗？你具备较强的说服力吗？

运用STAR法则举例说明你具备哪些技能（可参阅第16章），尽量选择一些你取得双赢效果的例子，不要选任何让你看起来有操控欲的事例。

问题：你是领导者还是追随者？

公司需要自信、充满活力的领导者，也需要能够倾听客户，并按要求行事的人。例如：

我在领导方面具有天赋，我想大部分认识我的人都这么认为。我×××（举例说明你具备领导能力）。但是我发现，要想成为一名优秀的销售人员，必须具备倾听和遵守指令的品质。例如×××（举一个因倾听客户意见而受益的例子）。因此总的来说，我认为一名优秀的员工应当具备多方面的能力。

问题：你是雄心勃勃的人吗？

向面试官展示由野心带来的积极品质，如努力、专注、以目标为导向和敬业，淡化你好胜心强的性格特征。例如：

我是雄心勃勃的人。我在工作时充满动力和热情（描述自己具备哪些品质），能为公司做出重大贡献。例如×××（举例说明你具备雄心壮志的经历，例如：克服众多困难实现目标）。我非常清楚自己想成为什么样的人以及自己想做什么。

问题：你是一个意志坚定的人吗？别人拒绝你会如何应对？

你要向面试官说明你不怕别人拒绝，这是销售工作中经常发生的事。你不会把它放在心上，这只会让你更加坚定。例如：

能够坦然地接受别人拒绝也是销售工作的一部分。有些人根本不想要我卖的东西，我也不会太在意，就算真的觉得不舒服，也只会坚定我的决心。例如×××（举例说明客户拒绝你，让你更加坚定并想要取得成功的例子——你是如何改变方法、寻找新的市场或新的客户的）。

问题：你是一个自信的人吗？

告诉面试官你为什么对自己感到非常自信。你可以回答：

我很自信。我对自己的销售能力充满信心，而且这种信心是基于我×××的销售能力，我×××的专业技能和我×××的个人品质。在过去n年（或n个月），我取得了×××成就，我的自信来源于这些经历。

问题：你对挑战的态度是什么？你对风险的态度是什么？我们要找的是对改进业务充满热情的员工，你认为自己能够胜任吗？

请参阅“创意类岗位面试问题”。

你的工作目标是提升今年公司的业务量，开拓新市场和吸引更多的客户，留住回头客，并且让这些回头客向他人推荐公司产品。在谈论你之前提升销售额、客户忠诚度和公司声誉等时，你要尽量表现得充满激情，如有需要可以举出具体的数字。

问题：你如何应对紧张？你如何处理压力？

告诉面试官你能够有效应对压力并且照顾好自己。例如：

我一向能够应对压力，因为我擅长策划和安排事项。我×××（描述你曾经做过的组织工作和安排日程的事项）。这意味着几乎没有什么事情会让我感到心烦，我能将所有的精力投入到更重要的工作中去。而且，我需要一定的紧张感让我专注于工作。我喜欢见客户（或者接电话）时那种激动的感觉。没有这种感觉，生活会平淡无奇。

问题：你有没有没完成目标的失败经历？

举一个你在具备现有技能和经验前未能完成目标的例子，向面试官说明你从那以后做出了哪些改变。例如：

现在，我已经能够成功完成所有目标，但是我还记得刚开始的时候，我还不具备现有的经验，有一两次我没能完成目标。我不得不×××（描述你必须通过额外努力来实现目标的例子）。这意味着我学会了×××（如何规划时间、如何集中精力完成一个任务而不是拖延）。

问题：你发过脾气吗？你最近一次发脾气是什么时候？

冲客户发脾气会使公司蒙受巨大损失，所以你必须叮嘱自己千万别这么做。比如，你可以这样说：

跟其他人一样，我会对人之常情的事（如不公平）发脾气。但是，尽管每天的工作压力很大，我也不会发脾气，我已经记不清上回发脾气是什么时候了。

问题：你现在一周工作几小时？

你的回答应当让面试官觉得你是高效的，在达成目标销量的同时能够平衡好生活，又不会让自己太累。举例说明：

我的工作时间比较灵活。我会将时间花在达成目标上，并以高标准要求自己，但我能够高效地安排时间而且善于做规划，所以我觉得我的工作效率还不错。可总有些时候任务会叠加，这时我会发现机遇，把时间花在这些方面是值得的。

问题：你如何规划工作？你如何规划商务旅行？

在回答此类问题时，你要表明你工作效率高，并尽量减少做记录、旅行等低效事项的时间投入。你得说明自己是如何做到这一点的并举例说明。

问题：谈谈你解决过的一个棘手问题。谈谈你接手过的比较棘手的销售经历。

举例时，你要谈谈这次成功销售中你运用到的技巧、经验以及个人素养，不要提及那些表明你存在人际交往问题或不服从管理决策等方面的例子。有的时候面试官可能会问你失败的销售经历，你需要提前准备。你可以选一个刚入职时的失败例子，并谈谈自己从中学到的教训。

问题：你认为有效沟通的核心是什么？你的销售方法是什么？

你的观点要清晰，好的回答涵盖运用合作、激励、客户沟通和双赢等法则。举例说明你是如何成功运用自己的销售方法的。

问题：你如何看待客户服务？

客户服务是一家公司工作的重中之重，你的回答要表明自己已经意识到这一点。例如：

我认为客户服务是我的头等要事。客户开心了就愿意买公司的产品，不开心就不愿意买。例如（举一些你成功处理刁蛮、挑剔或愤怒客户的例子）。

问题：你工作的动力是什么？

回答钱是你的动机无可厚非，这也是很多销售工作提供佣金的原因。但是你最好也要说一些别的原因。例如：

我享受赢的感觉（举例）。当我做好工作、听取客户意见，满足他们的所有需求，听取反馈意见并完成销售时，会有极大的满足感。

问题：你如何跟上你所在领域的变化或创新？

请参阅“创意类岗位面试问题”中对该问题的回答。

面试官还可能问到和你专业知识领域的特定问题。你可以预测这些问题是什么，可能是：

- 你对特定销售和营销技巧的认识。
- 你的经验领域和你所掌握的专业知识。
- 你对产品、市场等的详细了解。
- 你如何处理具体的任务。
- 你如何分析具体的情形。

面试官可能会现场叫你展示你的销售技能，例如：“你会怎样向我推销这支笔？”你要确保自己在展示时充满激情。

技术岗面试问题

面试官想要评估你是否具备工作所需的技术熟练度。和写简历一样，他们想问的关键问题是“你是否能够做好这份工作？”你可参考第8章“具体岗位简历撰写要点”来详细了解如何回答这一问题。

你需要向面试官表明你清楚这份工作的工作内容以及该如何完成这份工作。在准备面试时，你要将重心放在你的核心技能上，回想你曾经在哪里运用过自己的技能，并强调你的实际应用能力。你需要了解你的资质和培训让你具备哪些优势，你能够做哪些工作，这些资质和培训如何让你在这份工作中脱颖而出。如果聘用你，那么你的雇主将会如何受益。同时，你也可以专注于自己之前的工作、职责和获得的经验。经验能够提升你的知识水平、工作能力和熟练程度。在思考如何回答下列问题时，你要牢记以上要点。

问题：你对我们公司了解多少？

运用你的逻辑推断能力，思考你将会接触的产品和工作流程并简要概述，列一个简短且全面的总结，结尾可以简要阐述这家公司的产品和技术程序为什么吸引你，你为什么想加入这家公司。

问题：你认为该行业的主要趋势是什么？

罗列出你观察到的行业发展趋势，重点关注这些发展趋势提供的机会。

问题：你如何跟上你的职业变化和行业创新？

请参阅“创意类岗位”中的回答。

你目前做的工作为你所在的部门或公司做出了多大贡献？

技术类工作有时可能消息比较闭塞，面试官希望求职者具备纵观全局的能力，你可以向面试官表明你了解下述关系：

- 你的工作和整个部门。
- 你的部门和其他部门。
- 你的部门和整个公司。

阐述你的工作如何能够为实现公司的总目标贡献力量。

问题：你喜欢分析类的工作吗？

请参阅“文职人员”中对此问题的回答。

你具备完成该项工作的哪些资质？

概述你的相关资质并举例说明。例如：

我具备×××资质，我也有×××在职培训。这意味着×××（你可以完成这项工作并为公司带来好处）。除了我的资质，我也具备×××经验。由于这种经验，我了解并且熟悉×××（相关领域和流程等），这意味着×××（你有多适合这份工作）。

问题：你最大的优势是什么？你最优秀的品质是什么？是什么让你能做好你的工作？你最大的成果或成就是什么？

你最大的优势在于你的知识和技能，以及你用这些知识和技能解决问题的能力。例如：

我最大的优势是我的技术以及使用这些技术解决问题、按时完成项目和预算的能力。我的现任雇主也认为我最大的优势是即便在困难或压力下我也能够表现出色。例如×××（描述你某次在困难条件下完成工作或解决问题，以及由此为公司创造价值的例子）。

问题：你工作的关键职责是什么？你认为怎样的人才算是行业的佼佼者？

你可以回答，例如：

我工作中最重要的部分是×××（你的主要任务和责任），业绩指标是×××（例如：工程项目中）是指在预算范围内按时完成项目。并达到项目标准。对我而言，做好工作意味着×××（你对成功的定义）。

问题：我们为什么要聘用你？

你的回答应该表明你非常了解工作内容并且明白哪些工作品质对你而言是重要的，如技术手段、创新和问题解决能力等，并举一些例子对此进一步阐述。

问题：你如何看待挑战？

从解决问题的角度来看待这个问题，你要向面试官展示你是如何找到别具一格而又能够行得通的解决方式的。举例说明你是如何运用你的技能、知识和经验解决过去遇到的问题的。

问题：你对待风险的态度是什么？

技术类工作中的风险会让一家公司蒙受金钱和时间上的损失，甚至会有生死攸关的危险。你要向面试官展示你是如何预测风险，并且采取适当的措施来避免这些风险的。例如：

我从来不会冒险，不会做出损害公司员工健康或者公司声誉的事情。例如×××（描述你曾经遇到的一个风险以及你是如何运用自己的能力来有效解决问题的）。

问题：你是如何看待工作中的健康和安全问题的？你曾经是否为了完成工作违反健康和安全条例？

上述问题可参见“工程类岗位”的回答。

问题：你如何应对批评？

答案可参考“创意类岗位”一节。

问题：你是善于解决问题的人吗？你认为自己善于创新吗？

举例说明你具备解决问题的技能。描述一个问题以及你是如何运用你的技能、知识和经验化解问题，并且阐释这样做可以为公司带来的好处。

问题：你能在压力下工作吗？你在工作中要面临哪些问题？

面试官想要问的问题其实是你能否在压力下保持应有的工作水准、专业度以及准确度。你的回答可以是：

我工作的性质意味着我不得不在压力下工作（经常、偶尔）。可能发生的状况有×××（举例）。我认为在压力下工作不是一件大不了的事情。我已经学会×××（举例说明你做了哪些事情，解决了哪些问题）。我认为压力在某些时候能够促进工作完成，而且当你完成工作时你会有一种巨大的成就感。例如×××（说明你曾经如何在高压下工作并且顺利完成工作的）。

问题：你是如何管理一个项目的？

面试官想要了解你在工作中是否自成体系、有条理。回答应该考虑以下几个方面：

- 你处理问题的方式。
- 资源管理：你完成工作所需的资源，如工具、材料、人力资源和设备等等。

- 时间管理：为在截止日期前完成工作做好计划。
- 成本管理：在项目各个阶段合理分配资金、时间和资源。
- 应急措施：当出现紧急情况时（如超时或超支）应采取哪些措施。

问题：你如何与不同地位的人交流？

这一问题的回答请参阅“创意类岗位”。

问题：如果你的意见与老板的意见不同，那么你会怎么做？

如果你了解到你的老板做出的决策不会奏效，那么你应当提出另一个解决方案，因为你可能是能够给老板提建议的唯一具备专业技术知识的人。你能巧妙地传达自己的意思吗？例如：

我现在的经理非常善于讨论问题，他重视我的经验，所以我通常会提供一些建议。如果我的意见与他相左，我会试着找到原因。比如，他是从哪个角度来看待这个问题的。我会向他说明我为什么会那样思考。经过讨论，我们通常会找到一个双方都能接受的解决方案，例如×××。

问题：描述一个你不得不解决的难题。你是如何做出重要决定的？告诉我你必须做出的艰难决定。

选择一个技术性问题，并描述你运用了哪些技能、知识和经验以及如何解决这个问题。你是如何看待这个问题，影响你做决策的因素有哪些。不要把和同事或管理层相处不融洽当作一个问题。你可以说：

当我要做出重要决定（或解决问题时）。第一，我会尽可能地收集所有事实依据（举例）；第二，我会与相关人员交谈，征求他们的意见；第三，我会检查流程的各个方面，并试图预测可能的结果；最后，我试图预见任何可能影响我决定的意外情况，以及可能由此产生的任何问题。当掌握了所有信息后，我会根据我的经验，选择通常会显而易见。我将时间、预算等因素考虑在内，通常可以做出适当的决定，例如（简要概述你做决策的过程）。

问题：入职后，你打算继续学习深造吗？

丰富自身阅历和不断学习新知识将有益于你提升工作能力，对技术型工作者而言尤其如此。告诉面试官你在大学毕业后接受过哪些培训，包括在职培训和认可度高的课程，告知面试官你制订了哪些计划来提升自身资质，并为公司创造更多价值。

面试官可能会针对你的工作和专业知识提一些具体的问题，因此本书不可能穷尽所有预设。但是，面试官的提问大致都基于以下几方面展开：

- 你对某专项技术的认知。
- 你对此技术的了解情况。
- 你如何处理工作中的突发情况。
- 你如何应对特殊情况。
- 你对具体流程的理解。
- 你使用某种机械或设备的经验。
- 你对专业软件的了解。

- 你如何分配日常工作。

在工作中，你需要解决各种问题，因此面试官可能会列举一些技术故障的实例让你解决。与回答所有问题的思路一样，你要基于现实生活的经验，提供完整且翔实的回答。

管理岗位面试问题

面试官最想问应聘者的问题是"你的管理工作是否有效？"。有关此问题的具体实例可参见本书第8章"具体岗位简历撰写要点"。若要展现出你的管理工作十分高效，你应牢记回答：

- 你的成就，根据STAR法则举例，说明你是一个具有积极影响力的管理者（参见第16章）。
- 你的管理技能，找到那些成功展现你的管理能力、成效显著的时刻并加以陈述。
- 你的个人品质（注意强调次数）：坚韧不拔、坚持不懈，富有激情、信心满满，精力充沛、乐于奉献和富有热情，可靠、诚实和正直。

问题：你对我们公司了解多少？

用SWOT分析法回答：

- 优势：公司的成就、声誉、擅长的领域。

- 弱点：心知肚明即可，在面试中尽量不要提及。
- 机会：潜在市场、不断变化的环境和技术创新等。
- 威胁：竞争对手、市场变小等。

最后以你为何选择这家公司，以及如何为其未来的增长做出贡献结尾。

问题：你认为该行业今后的主要发展趋势是什么？

此问题的回答可参见第8章“营销人员”一节。

问题：你如何跟上工作中变化和创新的步伐？

此问题的回答可参见第8章“创意类岗位”一节。

问题：你如何应对工作中的变化？

应对变化是管理工作的重要组成部分。你不仅需要根据变化调整自身，还必须让你的员工接受这种改变。回答这个问题时尽可能使用实例。概述情况，说明这个改变带来了怎样的积极影响，并描述你是如何：

- 分析情况并确定要做出的改变。
- 决定今后要采取的行动。
- 说服相关人员接受改变。
- 监管变化。
- 解决预见的问题。

问题：你会如何定义自己的职业？

管理人员要承担许多责任。阅读所应聘岗位的要求，了解公司需要什么样的人才，需要解决问题的人还是激励员工的人。基于公司的要求来组织你的回答。

问题：你怎么定义有益的工作环境？

有益的工作环境是指让身处其中的团队高效工作的环境。

根据你的经历，你认为什么因素能够提升效率。你做了哪些工作提升员工工作效率？可考虑以下几点：易理解的目标和结果，团结一致的愿景，明确的分工和职责，团队成员的独立性，积极反馈，支持型管理模式。

比方说：

我认为，要建立高效的工作氛围，关键在于×××（你认为的要点）。这些因素很重要，因为（用实例来解释其必要性）。根据我的经验，（给出一个说明你成功运用某个因素改善你团队表现的实例）。

问题：为什么我要聘用你？你最大的优势是什么？是什么让你成为一名优秀的经理的？你为什么认为自己能成为一名优秀的经理？你能为公司做出怎样的贡献？

突出你工作效率高，并陈述可证明的事例。例如，你可以这样回答：

我认为我满足×××（工作描述中提到的关键要求）。我以前的老板也赞同我的一大优点是即使在困难的情况下也能顺利完成工作。例如×××（告诉面试官你取得的工作成果以及你是如何取得这些成果的）。

问题：如果我们给你足够的发挥空间，那么你会怎么做?

请参阅第8章中“创意类岗位”的回答。

问题：你如何做出重要决定?请告诉我一个你曾经做出的一个艰难决定。描述一个你曾处理过的一个难题。

请参阅第8章中“技术类岗位”的回答。

问题：你如何对待别人的批评?

请参阅第8章中“创意类岗位”的回答。

问题：你希望从这份工作中收获什么?是什么促使你从事这份工作?

大多数管理层都在寻找机会运用自身技能和经验做出重大贡献，从而在公司名留青史。对于这种问题，你可以这样回答：

我在寻找机会实现我的价值。我在你从事过的工作时具备的经验表明我具备×××（管理或其他与申请职位相关的能力）。我认为我的×××成就清楚地证明了这一点。我正在寻找有（一流的产品，服务、名气）的公司，这样的公司能给我机会，让我继续在这个行业获得更大的成就。在我看来，贵公司恰好能给予我这样的机遇。

问题：你最近一次发脾气是什么时候?

你必须在挑衅下仍保持冷静，但也要表明你不是软弱的老好人，这一点很重要。你可以这样回答：

我不记得上次发脾气是什么时候了。生活中有不愉快是正常的，我不会为其困扰。但是，我坚决要求工作人员坚守重要的工作原则——诚实、待客礼仪、不仗势欺人等。例如×××（某次你改正了某员工的上述不良习惯——说明你如何既不伤害你与同事的感情，又合理公平地处理了这件事）。

问题：你如何对待工作挑战？你如何对待工作风险？

管理者要迎接挑战，有时候也需要承担风险。你要向面试官明确表示，当你接受挑战时，你有信心成功解决这件事。面试时你可以这样回答：

我认为，迎接和克服挑战会让我成长。有一次×××（概述一个你曾面临的挑战。包括你如何分析该挑战的详细信息，权衡了利弊，最终制定了解决措施以及所用技巧）。最后×××（给公司或团队带来了好处），我也从中学到了×××（说明这个挑战将如何促进个人发展）。

问题：你是个自信的人吗？

请参阅第8章中“营销人员”中相同问题的回答。

问题：你在员工中有权威吗？

表明你尊重员工，能与他们愉快交流并且支持其工作。面试中你可以这样回答：

对于这个问题我并不纠结。在团队中，我们秉承着互相尊重的态度。我很确定，如果我的同事遇到困难，他们会来找我寻求帮助。我为团队设立了明确的工作目标，如果条件允许，我会鼓励成员们充分讨论，并且告知他们我为何做出这样的决策（或你做的任何其他事情）。我希望他们尊重并执行我的决定，而且我很高兴他们这一点做得非常好，从没让我失望过。例如（说明你的英明决策，及员工如何成功执行了你的决策）。

面试官可能会追问："你是否在发号施令时遇到困难？"用你在早期管理工作中碰到的问题来举例，并说明你从中得到的经验教训。

问题：你有野心吗？

请参阅第8章中"营销人员"中此问题的回答。

问题：你觉得自己善于解决问题吗？

列举一些你用技巧解决问题的例子。描述该问题，陈述你如何运用所学、所见解决了问题，及该问题的解决为公司带来了什么好处。

问题：你如何与不同地位的人交往？

请参阅第8章中"创意类岗位"的回答。

问题：你认为哪些技巧在激励员工中最重要？你如何从员工身上获取最大收益？对于经理来说，你认为掌握激励技巧有多重要？

告诉面试官你具备激励技能，能够让整个团队充分发挥其潜能。例如：

我认为，掌握良好的激励技能对于经理来说至关重要，可以促使团队成员斗志昂扬地（或你重视的其他标准）朝共同目标迈进，这样有利于增长业绩。我会确保我的团队有明确的目标，清楚我们所做的这些工作如何有助于实现公司的总目标。成员们知道为何每个人的工作都很重要，以及如何与组织中其他人配合。所有成员都能够随时了解公司的发展情况。条件允许的话，他们可以参与讨论，为决策过程做出贡献（或者任何其他激励员工的手段）。我也会努力了解每个员工不同的激励点，有些是给予他们肯定，有些是给他们一些任务和职责等。最后，我相信我的员工干劲十足，无论是以个人还是以团队的方式，都能顺利完成工作。例如×××（说明你的激励技巧和你团队的最终成就）。

问题：你认为是什么造就一个优秀的领导者的？你认为自己是领导者还是追随者？

你应给出一个周全的回答。面试中你可以这样回答：

我认为好领导的标准是他能够激励员工。尽管困难重重，我仍然能够让整个团队保持热情，齐心协力向成功迈进。本质上我是一个领导者，多数了解我的合作伙伴都会同意这一点。我×××（举一些在实际工作中体现出你强大领导能力的例子）。但是，我发现要成为一个好的领导者，需要尽可能多地掌握一些技能。例如×××（某次你通过认真聆听，采用温和的而不是强硬的影响技巧和激励方法取得成效的例子）。

问题：一个团队成功的关键因素是什么？你觉得哪些技能对团队建设至关重要？

你可以这样回答：

我认为一个好的团队的成员间应当彼此信任，有共同的价值目标（举例说明）。作为团队领导者，我要确保大家齐心协力，各司其职，清楚自己对实现团队总目标的重要性。成员的个人技能和投入不仅由我也由其他相关人员来评判。我鼓励团队成员在完成任务时相互支持，而不是完全只关注自己负责的工作内容。我会在实现团队目标时奖励整个集体（其他任何鼓励团队精神的事）。我也会×××（其他支持团队团结的事）。我相信因为我们是一个强大、团结的团队，所以我们取得了×××成就。

问题：你如何安排工作的轻重缓急？

大多数用于确定时间优先顺序的系统都包括：

- 列出各项任务。
- 将任务标识为：紧急且重要，紧急但不重要，重要但不紧急，既不紧急也不重要。
- 优先处理前两类任务，再决定这两类任务的先后顺序。
- 酌情安排、委托给他人或取消后两类任务。

面试中，你可能还会被问到如何确定哪些任务很重要，所以你需要明确工作的主要目标是什么，以便能够按照工作的轻重缓急来安排工作。

问题：你现在一周工作多长时间？

请参阅第8章中“营销人员”中的回答。

问题：你如何处理压力？你如何在压力下工作？

请参阅第8章中“营销人员”中的回答。

问题：你觉得自己有很强的影响力吗？你的影响力和说服力怎么样？

请参阅第8章中“营销人员”中的回答。

问题：你需要多久才能上手？

请参阅第8章中“营销人员”中的回答。

面试官也有可能会问一些实际工作中的问题，例如：你对具体管理技术的了解程度，你的具体工作经历，你对特定工作情境的处理方法，对工作要承担的责任的认识等。面试官可能会问到的这类问题具体包括：

- 你之前是否使用过目标管理（MBO）技术？
- 你熟悉全面质量控制吗？目前在使用这门技术吗？
- 你目前使用哪些软件包进行项目管理？
- 在规划增长时，你需要考虑哪些主要因素？
- 你使用什么类型的评估系统？
- 你使用哪些方法来预测未来的工作量？
- 你认为什么类型的培训最有效？

- 你如何组织和规划重大项目？
- 你如何招募团队？
- 你如何确保会议能够如期举行？

提供详尽、专业的回答，全方位展示你的经验和你对工作的热情。

客户关系岗位面试问题

根据你的简历，面试官想要问你的关键问题是“在工作中你遵循‘顾客至上’的原则了吗？”更多信息请参阅第8章“具体岗位简历撰写要点”。你需要在面试中表现得：乐于助人、愿意配合，友好、外向、平易近人，知识渊博，自信，善于言辞。

在面试之前，你要回顾一下你与人交往的经历，以及你是如何处理那些棘手的问题的；思考你与人交往成功的经历，以及你从每次经历中学到了什么；总结你的个人品质，哪些品质让你善于与人打交道。准备一些例子，说明你在何时是如何展现这些品质的。

问题：你对我们公司了解多少？

在客户产生不满时，你是和客户最先进行沟通的人员。你要了解公司的产品、服务及公关形象。公司是以产品和服务质量高、创新能力强、还是性价比高闻名？公司是传统型还是技术尖端型企业？

问题：你喜欢与人打交道吗？

告诉面试官，当你和难以交往、爱发脾气或沮丧的人交往也会让你感到满足。你可以这样回答：

是的，我挺喜欢和人打交道的。这也是×××领域吸引我的一点。当然，遇到脾气好的人，一切都顺利再好不过。但是，我也享受和性格迥异的人（难相处、爱发脾气、含糊不清）共事带给我的快感。例如×××（你取得的成果）。

问题：本职位要求具有亲和力。你是否具有此方面优势？你认为具备哪些品质的人才算有亲和力？

你可以回答在遇到问题时顾客愿意向你倾诉、寻求帮助和咨询建议。例如：

我认为我有亲和力，和我相处过的顾客都这样评价。我擅长换位思考，可以站在顾客角度考虑问题。我深知无助的滋味，所以特别感激×××。我把这种理念运用到接待顾客上，比如×××（你在碰到棘手顾客时有能力表现出亲和力，说说你是如何做到的，又是怎样取得成果的）。

问题：你怎样和不同类型的人相处的？

你能够在不同场合与各种类型的人相处。用一些小的事例解释一下，显示你有应对各种类型的人的能力。

问题：你是一个自信的人吗？

例如你可以这样回答：

是的，可以说我有一种与生俱来的自信，但同时，为了增强自信，我会做很多工作，充分了解产品信息（举例说明），认真筹备会议（举例说明），以及（为了做好工作，认真了解信息，做好充分的工作准备等）。我性格外向、信心十足，随着年龄的增长我在处理人际关系方面也越来越自信了，以往的经验也给了我很多信心（举几个通过收获自信并取得成果的例子）。

问题：你认为在有效处理人际关系方面哪些技能尤其重要？碰到有人发脾气你会怎么办？

你在回答问题时可以包括以下几方面：保持冷静和礼貌，认真对待他们的问题，认真倾听，提出建设性意见并提供帮助，使用开放式的肢体语言。

运用STAR法则叙述你成功运用以上技能与客户打交道的例子（参阅第16章）。

问题：压力面前你如何表现？你如何应对压力？你如何排解压力？

你得显示自己拥有的在长期工作中应对压力、运用方法解决压力的能力。例如，你可以这样回答：

我经历过在压力下工作的许多情形（这种情况发生在何时何地，为何会产生压力：是季度性高峰、截止时间紧迫，还是订货紧急，等等）。我认为压力能激发动力。面临压力你必须开发隐藏的潜力，一旦成功便很有满足感。如果自己压力太大，那么我会×××（如何采取一些快速、简便且高效的方式令自己平复下来）。例如：如果出现季节性高峰，我会×××（采取哪些实际的方式为之做好准备）。长期以来，我会通过×××（采取诸如平衡膳食、适当锻炼的方式）

来抗压。

问题：你最近一次发火是在什么时候？

不管有多大压力，你都不能在工作中发火。你可以这样回答：

我不觉得日常的琐事会让我生气。冷静、礼貌地待人，无论是对自己还是对他人，都会更加愉悦和舒适，现在这种待人之道已经成为我的本性。说真的，我记不清上回发火是什么时候了。

问题：你现在的工作会面临哪些问题？请描述你处理过的棘手问题。给我们举一个你接触过比较棘手的客户例子。

回答上述问题时，重点要放在你是如何运用人际交往和沟通技巧的。你是如何解决问题的？你从中收获了哪些经验？

问题：你的说服能力如何？

对此问题的回答可参见本书“营销岗面试问题”。

问题：你目前的工作与公司其他部门的联系。

对此问题的回答可参见本书“技术岗面试问题”。

面试官可能会具体提问以挖掘你的能力。这些问题类型太多、太过具体，在此不具体展开，但是凭借你对此份工作的了解，你应该能预测到面试官会问些什么。细节问题包括：

- 你如何理解处理客户关系问题的技巧。
- 你在哪些领域具备经验以及相关专业知识能力。

- 对于工作中可能出现的具体情况你如何应对。
- 对于工作中的实际问题你如何处理。
- 你如何解决工作中频繁出现的问题。

确保你所有的回答都是以顾客为中心的，要给面试官留下一个好印象，以显示你对工作充满热情。

专家点评

面试问题要集中在对工作至关重要的四五项能力上。这并不是说面试官只问四五个问题就行了，面试官也要具体展开、询问细节。

——罗伯特·约翰逊，英国西南部咨询调解和仲裁局区域总监

我的梦想是什么？我想有人能走过面试大门，坐下来并从事这份工作。

——马克·科尔顿，就职于英国就业工作中心

第18章

针对毕业生的面试问题

面试时为了测验你的能力水平，面试官会让你举例说明以前的工作经历，碰巧你刚毕业且没有相关经验，你该怎么办？你要把自己已有的工作经验亮出来，如果工作之外你获得了相关经验也要一并亮出来，就算这些经验和你求职的岗位不相关联也并无大碍。如果你求职的企业给了你面试机会，那么该企业认为你有潜力胜任工作。面试前好好准备，再三查看如下事项：

- 学历背景：不要只谈你学到了什么，也要谈谈教育是如何塑造你的。例如，教育教会了你需要有自制力，也教会了你需要和不同背景的人相处。这些例子有助于证明你的潜在技能和品质。同时你也要知道自己的所学是否和工作相匹配。
- 所获成就：你负担的职责是个人荣誉还是集体荣誉。
- 工作经历：可以谈谈你的周末工作、假期短工、志愿工作和实习工作等经历。想想所有工作都普遍适用的实用技能，如时间观念、责任观念、问题解决观念等等。
- 个人品质：思想开放、工作热情是你的求职法宝。可以参看第2章中介绍的有助于求职成功的个人品质。这些品质不仅对你整个职业生涯的成功来说至关重要，而且对你目前职业生涯的开端来说更是如此。为什么说这些个人品质重要呢？因为个人品质往往能反映你日后的潜力，而你的潜力恰好是当前最难能可贵的品质。求职成功的关键在于你拥有慷慨大方的态度、性格和积极性。有88%的企业认为良好的个人品质与学历同等重要或更为重要。

问题：你为何选择你所学的专业？你为何选择你所就读的高校？

你给出的几个原因要显示出你拥有分析和评估信息的能力以及果断做出决策的能力。你在回答问题时要体现你是经过深思熟虑的而不是被迫选择：

- 描述一下你在选择心仪专业、院校时的经历。
- 列出你的考量因素，比如你是如何搜集信息、如何同他人探讨、如何权衡利弊并最终做决定的。
- 你为何选择这样的专业或院校，给出三四个具体理由。这些例子要着重体现职业关联性：为了胜任此份工作，你的所学能给你怎样的能力，又是如何激发出你的长处和才能的。
- 说说你所学的专业给你带来了怎样的挑战，又最终为你带来了怎样的技能和品质。

问题：你最喜欢哪些科目？你为什么对这些科目感兴趣？

你的回答要与你的面试岗位有所关联。回答时，你要充满热情，告诉面试官你在空闲时也会花时间在这些科目上。你既要展现你积极活力的一面，也要展现出你乐于奉献的一面。

问题：你认为你受的教育能让你胜任职场的工作吗？你认为你学到的哪些技能可以运用到工作实践中去？

罗列出你所学的相关知识技能，以及这些课程是如何既教会你知识又传授你学习方法的。谈谈教育是如何让你进步成长的（让你思想开放、为你带来挑战，也赋予你责任感）。你也可以告诉面试官你是如何在教育的影响下学会了自我约束、严守组织纪律、把握轻重缓急和按期完成任务等实用技能的。

告诉面试官你是如何通过与不同背景的人交往、参与讨论、提出观点、向课堂或团队演讲以提升人际交往技能的。你所拥有的团队工作经验或者领导经验，凸显你将理论应用于实践的渴望。

问题：你喜欢周末工或假期短工的哪些方面？

如果这与你求职的工作存在关联，那么你要重点加以说明。

此外，你可以谈谈自己的优点，如：工作出色，融入团队，新技能的学习，能于承担责任，擅长大众工作，不畏挑战、迎难而上等。

问题：从简历中了解到你做过周末工和假期短工，你最不喜欢这些工作的哪些方面？

千万不能说这种工作无聊或没意思。你可以说：虽然这份工作和你未来的职业发展关系不大，但是你却从中学到了许多有用的工作经验。你可以说自己很期待开启真正的职业生涯之旅。

问题：你对工作有什么期待？

你期待这份工作能够帮助你开启职业生涯。你希望把学到的理论知识和技能投入实践，你希望学习新技能，为公司做出实质性贡献——即便是从初级开始。解释一下为什么这份工作适合你。

问题：为什么你喜欢这份工作？你认为是什么让你胜任此项工作？

认真阅读工作要求，将自己的才能、品质和接受过的培训与这份工作的要求做一下配对。例如：

我明白这份工作要求职员具备×××（举两三种个人品质或工作技能，接受了相应的培训并取得了学历）。我认为我的条件非常符合以上要求。我具备×××（罗列个人品质、技能和才能，并用例子阐明）。我也接受了×××（罗列你接受过的培训），学会了×××（挑一项关键的品质说）。有了公司的支持和培训，我相信自己最终能为公司做出实质性贡献。

问题：从底层做起你有何感受？

不管你的资历有多么光鲜亮丽，你都得从基层做起。你可以回答你愿意从基层干起。你可以这样回答：

我理解每个人都得从基层做起，熟悉公司工作流程，因此我愿意从基层工作干起。不过，我的确希望自己能够得到晋升。

问题：你怎么看待例行工作？

多数岗位都有例行工作，职场新人的例行工作会更多。你得显示自己有完成例行工作的意愿。比如，这样回答：

我知道好多岗位都有例行工作。这些工作为我提供了站住脚、了解工作的机会，所以我不介意。随着我在企业中的进步成长，我希望例行工作能增强我的责任感，让我成为公司有用的一员。

问题：你如何与他人交往？

面试官问这个问题时，可能会担心你只能和年轻人合得来。你可以回答你有能力和各年龄段、不同背景的人相处，让面试官放心。你可以这样回答：

我觉得我善于同他人相处，熟悉我的人都这么说。我之前常常与不同的人群相处（举例时可以具体说明不同的场合，如大学期间、旅行中、做志愿工作时）。我能敞开胸怀适应新环境，这对我很有帮助。例如：在复杂或困难的场合中，你是如何与他人交流的。例如如何在国外克服语言困难的。

问题：你在曾经的工作中面临过压力吗？你是如何排解压力的？

想想你曾面临的压力，如考试。不要把目光放在压力大上，而要放在如何排解压力上。面试官想要通过此问题了解如下问题：你面临什么样的压力，简要描述这种情形；你如何排解压力；在长期工作中，你有没有排解压力的方法。

你可以这样回答：

我以前在工作中面临过许多压力（如考 A level、期末备考）。我通过增强×××（条理性、计划性和重要性等）来处理工作事项。我觉得×××（回顾自己的工作计划、化整为零等方法很实用）。我发现少量压力能使人精神焕发。挖掘潜在能力让人很有满足感（简单提一下你曾经是如何在压力面前挖掘潜力并获得满足感的。别举考试的例子，如果可以，你可以谈谈运动或其他挑战）。如果我压力过大，那么我会通过×××（说说你会采取哪些简单有效的方式）来排解压力，我也会（采取均衡膳食、适度锻炼等合理方式）来排解压力。

问题：展望一下未来5年的你？

如果你研究过你想要从事的职业，那么你会对自己未来5年有个清晰的定位。你可以这样回答：

未来5年，情况理想的话，我会做×××（在合理期待下的事情）。我认为我具备相应的×××（技术和能力），尤其是拥有×××（职位所要求的培训经验、具体专业资质等）。我相信这份工作会帮助我实现目标，因为×××（公司拥有杰出的培训项目和晋升机会）。

问题：你认为影响一个企业发展的因素是什么？

你回答的内容要与提升自己的如下素养有关：

- 工作相关的技能。
- 职场技能，如团队合作技巧、交际技巧、问题解决技巧以及领导能力。
- 专业态度：可信度、智谋、诚信和效率等。

问题：你最大的优点有哪些？

就算你没有工作经验，仍然可以谈谈你的潜力、你的优势，如：活力和热情，灵活性和适应性，学习能力，思想开放、不固执己见。

你可以这样回答：

我最大的优点有×××（两三个适合此工作的才能和个人品质）。我坚信我曾发挥过这些优点（你是如何发挥这些优点的）。尽管我没有工作经验，但是我具备×××（其他工作经验和理论背景）。另外，我相信我能为工作带来×××（热情、思想开放等）。

问题：你做过哪些工作表明你工作积极？

你举的例子要显示出你的责任心，解决问题的技巧、可靠性和巧妙安排工作的能力。

你还可以谈一下这么做有什么好处，尤其是对他人、对自己有什么好处。

问题：你有哪些兴趣爱好？

包括：团队活动，需要自我激励的事项，以社区为单位的活动，岗位职责：队长、编辑、财务等，一些你真正热爱并且愿意投入时间和精力的事情。

请不要提及任何具有争议的兴趣爱好，除了上述问题外，你还要准备如下问题：从理论和实践层面谈谈你所学的课程与知识，具体说明你参与的所有项目工作，具体说明你具备的工作经验，你参与过哪些课外活动等等。

除了阅读本章，你还可以阅读前一章节与你求职工作相关部分。在大多数情形下，你应该能够结合你个人的教育背景及课外兴趣来回答。

专家点评：

结合你的生活经历。如果你在学校做过一些项目，你就有了计划、组织、研究等方面的经验。团队需要合作、奉献、激励以及决心。做任何事情都要用到技巧，就连设计电脑游戏都需要了解信息技术、目标群体并进行前期策划。

——马克·科尔顿，就职于英国就业工作中心

我在和年轻人交谈时，真正看重的是他们的态度。我会问些如“你为何想当工程师，你为何想加入我们”的问题。我期待看到他们的热情，拥有热情表明他们真正对工作有兴趣。

——蒂娜·布坎南，英国海威工程公司总监

第19章

其他面试问题

前面几章介绍了面试的流程，你会被问到什么样的问题，如何组织回答。本章则会介绍几种不同类别的面试和其他相关内容。在进行本章的测试之前，你先了解一些回答问题的基本要求将有助于你提升信心、了解整个流程并为此做准备。

不同类型的面试

除了以下几种面试形式，你在实际求职过程中可能会遇到其他形式的面试。基本的一些面试有以下几种：筛选面试，电话面试，小组面试，连续面试，评估，非正式面试和二轮面试。

筛选面试

这一环节旨在淘汰不合适的候选人。公司不会浪费时间面试那些不符合基本要求的人，形式通常是电话或在线面试，面试官提的问题涵盖从学历资格到多项选择能力测试。如果你回答正确，可以参加选拔面试；如果你回答错误，在日后仍然可以再次申请。

面试官会在面试开始之前解释面试涉及的所有内容，如果你需要时间准备，面试官会让你准备好后再开始。

电话面试

电话面试通常也是一种筛选面试。很少有面试官在电话面试后就立刻提供工作，通常还有一个选拔面试阶段。即便如此，你在做好准备之前请不要贸然打电话，同时还需要确保在电话面试期间不会受到干扰，确保你准备好所需信息：简历，记事簿，招聘广告、职位描述和公司其他相关信息，以及可以用于做笔记的笔和本子。

当你在进行电话面试时：

- 确保不会被打扰。如果这是一个不适合接电话的时间，而且你无法确保电话是否会被中断，那么你可以询问对方是否能够等自己之后再回电话。
- 表述清晰。即便是对方在说话，你也不能吸烟、吃东西或喝水，因为手机会放大任何细小的声音。
- 保持微笑。微笑会让你的声音更温暖、更轻松。
- 避免使用一个字的答案。即便你准备得不太充分，也不要只给出“是”或“否”的回答。
- 做好记录。当你正式面试时，这些笔记能够派上用场。
- 不要过于忧虑。给你打电话的人也不会指望你做了充分的准备，或者做一些在正式面试时所做的展示，但至少你可以做到在接电话时保持热情。

有些招聘广告会写若需获取更多信息可以致电公司。有时，一些公司会利用电话通话的机会初步筛选应聘者。如果你不是它们想招聘的人才，那么它们会告知你，并且不会给你发申请表。

小组面试

招聘往往会影响公司的很多人，这些相关人员都会被列入面试小组。一般而言，面试小组可能包括：人力资源部经理，技术经理，部门主管，直线经理。

每个成员都会提出自己特别关心的问题。通常由一个人负责面试、欢迎你并向你介绍其他面试官。

- 在负责人向你一一介绍面试官时，请和他们保持眼神交流和微笑。
- 遵循专家组负责人的指导。例如：如果他和你握手并要求你坐下也就表明你不需与其他人握手。
- 在回答问题时候，你要看着向你提问的人，并针对对方的问题回答，同时用余光扫视其他面试官，保持眼神的交流。
- 在提问时，你最好向小组负责人提问，但如果你的问题恰好是其他面试官更适合回答的问题时你可以向他们提问。
- 在面试结束时环顾四周，保持微笑和眼神交流，最后向整个面试组表示感谢，感谢他们给你这个面试机会。
- 在进入面试之前，你需要写下并记住每一个面试官的姓名和职务。

连续面试

它类似于小组面试，不同之处是你依次与每个人进行一对一的面试而不是同时面试。请记住，当你回答对方的问题时，你要关注每个人的兴趣点在哪里。例如：

- 人力资源经理：职业背景、教育背景、培训和发展需求、薪资和福利。
- 技术经理：技术经验、技术技能和培训、具体知识、具体工作相关问题解决能力。
- 部门主管：文化契合、达到目标的能力、对利润和增长的贡献、职业理想。
- 直线经理：工作方式、可管理性、团队合作、可转移技能、优势和劣势、对工作的理解和执行能力。

评估中心

评估中心不是一个具体的地点，而是一系列测试，这些测试需经过评估员的监督。面试官会观察一个小组的候选人在完成任务时所做的讨论和团队合作。评估计划可持续半天至两天，涉及5至30人。有些还需要和面试者住一起。绝大多数评估形式都涉及一些社交互动，如喝咖啡、吃午餐或晚餐。评估可包括：面试，测试，个人练习，小组练习，室内和室外任务，非正式观察以及社会观察。

了解面试官正在寻找的能力，并思考如何展示它们。不要忘记你在休息和用餐期间仍在接受观察，你要保持最佳的社交行为。有关可预期的测试类型的更多信息，请参阅本章后面的部分。

非正式面试

即使面试是在酒吧或用餐时进行，它仍然是一个面试。请你对待它就像你对待其他任何面试一样认真。让面试官主导面试，并顺着他的路子，充分运用你的社交技能、对人友好，保持愉悦的心情，但不要讨论在正式面试中你不会谈论的事情。

二轮面试

如果顺利进入二轮面试，那么证明公司对你其实是非常感兴趣的，因此你也要展示你对这份工作的兴趣。第二轮面试的形式多样，从与公司高层会谈到与公司同事共进午餐无所不包。面试官会告知你要做什么，并让你为此做好准备，是否会有测试、练习或演讲。你尤其需要关注那些自己在第一轮面试时不太满意的问题。

其　他

面试可能还有其他测试来评估你的技能、资质和与职位的匹配度。这些可以在主要访谈之前、期间或之后进行，也可能在不同的一天进行，面试内容可以包含以下几种形式：做演讲，展示你的作品，技能测试，体检，复刻练习，小组练习，心理测试。

做演示

如果面试官要求你进行演示，那么他可能会评估你的以下几种能力：能否在小组面前自信地说话，能否展示要点；能否让自己传递的信息清晰易懂、简洁明了；能否在规定时间内完成工作，是否反应灵敏。

典型主题包括：

- 5分钟的演讲，展示你对该角色的主要认识。

- 10分钟的演讲，陈述该行业目前面临的主要问题。
- 5分钟的演讲，陈述这份工作的三个重点。

面试组会提前告诉你演讲的主题，你有多长时间做准备。思考你可能会问到的问题，并做好相应的准备。检查可用的设备，认真规划和排练。

在一张A4纸上列一个提纲，你可以用它来提示自己，也可以用其作为讲义。最好有所侧重而不是把试图呈现所有内容。演讲不要超时，时间一到，一些公司人员就会立刻打断你，这样你可能来不及讲清自己的最佳观点。

展示你的作品

面试官可能会让你带上自己的作品，尤其是创造性的工作。不要等到最后一刻挑选你的作品。请选择与你申请的工作相关的作品，并且向面试官展示。你需要事先排练并自信从容地展示。无论你展示的是图片、光盘、PPT或网站，都要在面试前为之润色和编辑，练习如何展示并为回答做准备。

在将样品展示给别人时要小心，因为一些可能会被丢失或损坏，让你无法展示材料并回答问题。询问你是否需要携带材料，一定不要留下原件，请务必使用副本。

技能测试

这些测试是你基本工作技能的实际演示，如驾驶、打字、翻译和口译等。勤加练习可以让你在紧张的状态下仍然保持自信。

体　检

有些工作对员工的身体有特殊要求。例如，对方可能要求你进行视力、动手能力或色盲测试。这些检查需要经过你的同意，但你如果不体检，可能就得不到这些工作。对方还可能要求你去一些机构做全身检查。

工作内容练习

这些练习能够评估你在工作中的表现，包括以下内容：案例研究，角色扮演和文件篮练习。

在开始之前，面试组应解释练习的规则和目标。如果你不确定任何事情，请告诉监督你的人。让主管知道你遇到的任何困难，例如，你没带老花镜或近视镜。

- 案例研究：你将获得有关业务事项的案例历史记录，并被要求撰写报告或对其进行演示，以检查你的分析和决策技巧。
- 角色扮演：这通常基于工作场所的具体情况。想想这份工作，并试着预测你将要处理的事情。面试官希望看到你如何妥善处理问题和对接相关人员，保持冷静和专业。
- 选拔方法：这些练习旨在评估你的管理和组织技能。公司会让你处理一些文件，包括信件、备忘录和报告，你在工作时可能会被电话或电子邮件打断。你需要对其排序，并说明你是如何处理每个项目的。

一个实用的贴士是将所有内容分成三大类：紧急，重要但不紧急，既不紧急也不重要。

按优先顺序处理每一类。反思自己的时间管理和优先排序能力，并在你自己的文件篮中练习。

小组练习

这需要你通过与团队互动来实现目标。目标本身并不重要，在实现目标过程中公司可以看到你作为团队一员的工作方式，公司人员会对你的以下方面进行评估：团队内部的自然角色，沟通和人际交往能力，说服和谈判技巧，判断和推理能力，解决问题的能力，为团队的成功做出贡献。

充分参与，并成为一名优秀的团队成员。不要想着统揽一切，但也不要过于保守、避免冲突。提出你的意见，但不要让你的不同意见成为争论。确保团队中的工作一切顺利：在分歧中寻找共同点；总结讨论，以便所有团队成员都知道共同点在哪里；鼓励其他成员；提醒小组成员他们的目标是什么，并让他们专注于目标。

心理测试

你极有可能在面试时遇到心理测试。它们由职业心理学家设计，旨在为你的才能、特征和能力提供独立、公正的视角。目前有三种类型的心理测试：

- 天赋测试：测量你的天赋以及特定的工作相关技能，如口头或计算能力，空间、手工操作或文书能力，逻辑思维或推理技巧。
- 性格测试：评估你的性格以及你是否具有适合特定工作的个人

品质和特征。

- 动机和职业兴趣测试：重点关注驱动你和最适合你的职业因素，这种测试在招聘过程中比较少见，通常能力和性格测试更为常见。

测试可以在纸上或屏幕上进行，包括多项选择题而不是技能的实际演示。

公司通常会告诉你是否将心理测试作为招募考核的一部分，请你弄清楚：

- 考试的目的：是探究你的能力、个人特征还是两者兼有？
- 如何进行测试：在屏幕上，在线还是使用纸和笔？
- 能否使用计算器进行计算测试。
- 如果公司使用了特定类型或品牌的测试：迈尔斯—布里格斯性格测试，空间推理测试等，你就可以查看并了解这些测试的含义。
- 公司是否会为你提供示例，让你了解接下来该怎么做。
- 你是否会收到相关结果的反馈。
- 你是否在面试之前或之后进行测试。

只要你做好准备，那么心理测试就没什么好害怕的了。对于任何类型的测试你都要：保持冷静，告诉负责测试的人是否有任何使你感到困难的情况：局部视力、阅读障碍，甚至没有合适的眼镜；仔细阅读所有说明，先看样题，如果你有任何不明白的地方，或者在测试过程中遇到任何问题，请立即告知主管。

能力测试

与工作相关的能力测试旨在测试你的特定技能，例如：理解力和计算能力，运用逻辑解决问题或分析图表的能力。在能力测试中，面试官通过你的分数了解你是否具备某项特定技能。公司通常会设一个达标分数，达到那个分数意味着你能够胜任这份工作。

技能测试像一个谜题。你需要在序列中选一个数字，填写缺失的单词或选择缺少的图表。这些测试通常是限时的，但你通常需要先回答一些基本问题才能回答其他问题。

能力测试问题样例

数字问题

请推测此序列中下一个数字，并加下划线：

1　6　11　16

a. 21　　b. 61　　c. 19

言语推理问题

以下哪个与其他选项不同？

a. 雨　　b. 闯入　　c. 泥土　　d. 冰雹

抽象推理问题

|| is to = as | is to

a. –　　b. |||　　c. =

答案：a. b. a.

一些书籍和网站有样题，你可以做一些练习。熟悉题型会增加你的信心并帮助你更快地完成工作。你将了解问题的内容，并摸索出一些规律。

如果你不知道问题的答案，随机选一个，至少你有1/4的正确机会。在随机选时，首先排除任何明显的错误答案。

粗略估计答案，避免因粗心而犯错：是数十还是数百，小数点放在哪，等等。这样你就会选4.54而不是45.4。

答题时不要停顿。如果你无法回答问题，先跳过，如果有时间再回来做。能力测试的问题往往会越来越难。做完题以后，再回来仔细检查你的答案，不留空白。如果还有时间，做更难的题目，以完成答卷。

在测试开始之前，请从监督人员那里了解：

- 测试是否限时，如果是，你需要在多长时间内才能完成？
- 你会因回答错误而丢分吗？通常情况不会，但也有可能，这决定了你能否随意猜测。
- 问题是否会逐渐增加难度？
- 你能否使用计算器？

个性测试

如今，管理者逐渐意识到在招聘时要选择那些个性适合特定工作的应聘者，这样的人更擅长做这份工作，他们对待工作更热情、也更快乐和高效，他们在遇到困难时更坚韧。许多管理者用个性分析来进行人才挑选。

个性测试旨在预测你在工作中的表现。该测试包含多项选择题、是否同意某一陈述、按喜好排列选项等问题形式。测试答案没有正确或错误之分，且测试通常不会定时。

测试问题举例

你更愿意：

a. 在当地幼儿园里帮忙？

b. 整理古希腊展览的材料？

我喜欢大型社交。

a. 是的　　b. 不是

大家倾向于向我寻求建议。

a. 非常同意　b. 同意　c. 不确定　d. 不同意　e. 非常不同意

你不能改变自己的个性，但以下几点可以帮你充分展示自己的个性特点，让面试官更了解你：

- 在开始测试之前，你要将自己调整成积极、专业的思维模式，让自己在最佳状态下回答测试问题。例如，面试官可能会问到你是否喜欢结识新朋友。思考一下你该怎么回答才能表现出你的专业操守，而不是宅在家里的状态。
- 自己练习个性测试和问卷调查，据此思考在日常生活中你是怎么做的。你越了解自己，就越容易回答这些问题。
- 某些问题的指向很明显。例如，如果你应聘的是客服行业，那么面试官通常会问你是否热爱交际和享受社交这类问题，而面试官当然期待的是一个肯定的回答。

- 回答测试中的所有问题。你回答的题目越少，就越难获取一个准确的测试结果。回答时如果拿不定主意，你要相信自己的直觉，选择浮现在脑海里的第一个答案。
- 坦诚。不要为得到这份工作强迫自己选择似乎正确的答案，这样会弄巧成拙，而且会让公司觉得你是个做事只注重结果的拼命三郎，更适合去做以团队为重、支持团队成员的工作。

在线测试

如今在线测试大受欢迎，公司有时也会通过在线测试筛选出有潜力的应聘者。在线测试与任何其他天赋、个性测试都一样。只不过你要在电脑上完成测试，而不是用纸和铅笔。在线测试的网站应提供测试须知和练习题。测试重点不在于你的电脑技能。操作过程会很简单，但要注意以下几点：

- 在开始测试前你需要输入密码。
- 检查在输入答案后是否还可以更改。
- 检查你是否可以返回并回答之前错过的问题。
- 查看你能否拿到测试结果，如果能的话，你需要通过什么方式获取。

专家点评

我们设立评估中心负责招聘，我们发现这样的测试比单次面试结果更加可靠。以前，有时我们发现通过面试招聘进来的员工实际上并不喜欢这份工作。现在，应聘者都要运用他们在未来工作中使用到的能力来完成测试。他们可以了解到工作内容，我们也可以看到他们的表现是否符合工作要求。

——罗伯特·约翰逊，英国西南部咨询调节和仲裁局区域总监

当你接到面试通知时，请打电话给公司来确认一下面试流程。谁来面试你？是小组面试吗？是否需要做个人展示？了解这些意味着你可以为面试做好准备。

我们用这些测试来评估应聘者是否具备这份工作所需的特定品质。例如，应聘车间工作的人会就其空间意识进行测试。应聘金融工作的人将接受特定的测试，以确保他们具备必要的口才和数字技能。测试的评分标准基于这几点：面试、测试结果以及任何其他测试环节（如个人展示或小组讨论等）。

——黛比·麦克艾克，劳斯莱斯资源中心经理

第20章

拿到入职通知或面试被拒后怎么办

面试结束后，记下以下几点，未来你可能从中受益：你看到的人的姓名和职称，这些人向你提供的关于公司和职位的任何有用信息的细节，下一步：公司何时以及如何与你联系，是否存在二轮面试等。

记录以下几点也很有用：面试形式，面试问题，任何你觉得难以回答的问题，以及在下次面试中你会改进的任何方面。

写一封信

给面试官发一封简短的信件或电子邮件以表示感谢。这会给面试官留下很好的印象，并且让你有机会重申自己十分适合这份工作。你可以在信中弥补自己在面试时表现不好的地方，这可能会让面试官把你放在优选名单里。

感谢信示例

（你的地址）

邮编

电话号码

电子邮箱

日期

面试官的姓名

职位

公司名

地址

亲爱的×××先生/女士：

感谢您在×××时的×××（岗位）选拔中面试了我。我非常荣幸有机会见到您并加深了对公司的认识。在此次面试中，我看到/听到×××（令人印象深刻的事），觉得十分有趣。在更详细了解了这项工作后，我相信我可以为×××（公司、部门、项目）的发展出一份力。之前我的×××经验锤炼了我的×××（技能、经验或责任心及其他相关能力），我的综合素质已经达到了贵公司要求的水平。并且我想补充一点×××（概括你在面试中没有来得及展现的其他方面能力）。

在此，我重申对得到这份工作的渴望。因为这份工作可以给予我寻求×××（职业发展、能力和知识提升、丰富经验等）的机会。如能同您的团队、部门、公司工作，我将不胜感激，并且我相信我能为（公司、部门、项目等）的成功做出重大贡献。

希望您能优先考虑我，期待您的答复！

此致

你的手写签名

你的电子签名

如果你没有被录用

这次你未被选中可能有以下原因：面试官觉得你不具备这项工作所需的技能或经验，面试官觉得你不明白工作要求，面试官认为你不具备工作所需的个人品质。

当然，面试官对你的认识可能不属实，但不管怎样，他就是这样认为的。下一次面试时，确保让面试官无法忽视你的优点。

在进行下次面试之前，请确保你：确切地知道工作内容（用招聘广告、工作描述和你可以获得的任何其他信息），具备工作所需的能力，可以举例说明你何时、何地以及如何发挥了上述能力，可以自信而热情地展示这些案例，通过你的表情和动作来展示公司所需的个人品质。

收起你的沮丧，对公司的拒绝信给出回复。这样做，你可以让公司对你有一个好印象，并提醒他们你仍想得到这份工作。

如果你喜欢这份工作并觉得这里的工作环境很好，那么就继续向这个公司投递申请。可能很快你就会得到一份类似的工作，而且你展示出来的成熟和热情会为自己赢得一席之地。

被拒绝后的感谢信示例

（你的地址）
邮编
电话号码
电子邮箱

日期

面试官的姓名

职位

公司名

地址

亲爱的×××先生/女士：

谢谢您在×××（日期）寄给我的信。虽然我非常遗憾没有得到×××（职位），但我仍要感谢您抽出时间来考虑我的申请。

我在面试中感受到的公司氛围令我心驰神往，且若有机会，我仍然希望能为贵公司工作。所以若出现职位空缺，恳请您能考虑我，保留我的工作申请及详细信息。

此致

你的手写签名

你的电子签名

如果你在6个月后仍想申请这个职位，再次与公司联系，寄信或电子邮件都可以。即使这个职位没有空缺，你的面试官也可能知道其他部门的招人信息，并且会透露给你。

保持联系的信函示例

（你的地址）

邮编

电话号码

电子邮箱

日期

面试官的姓名

职位

公司名

地址

亲爱的×××先生/女士：

您好！不知您是否记得在（面试日期）的（你面试的职位）选拔中面试过我。很遗憾的是那次我并未通过面试，但我在面试中感受到的公司氛围令我心驰神往，所以若有机会，我仍然希望自己能为贵公司工作。

我曾任职于×××（你目前的工作），工作基础扎实，（提醒面试官你的工作背景）并且拥有n年的工作经验。在上次面试中，我提高了×××（告诉面试官任何你在面试中获得的能力、资格或经验）。

我相信我的能力和经验非常符合贵公司对一流员工的需求（举例），并且为×××（公司、部门、团队等）做出贡献。

期待您的回复。

此致

你的手写签名

你的电子签名

继续申请

尽可能多地投递简历、参加面试并从中获得经验。你经历的面试越多，你就会越自信。在等待一个面试结果的同时，你也要继续投递其他面试申请；要一直保持积极投递的心态。如果你有五六个申请准备投递，而且还有另一个面试要去参加，那么你会更容易摆脱这次面试被拒的沮丧情绪。

利用面试间隙复习你的笔记，通过回顾你的表现来确定今后需要改进的地方，或者发现某些你可以从事的工作领域。与朋友或同事进行模拟面试，并让他们提出意见。

如果公司录用你

恭喜！你所有的辛勤付出都得到了回报。现在你必须决定：你是否想要这份工作；你是否希望就工作事宜进行协商；如果你没有收到更合适的录用通知，那么你是否要接受这份工作；你不想要这份工作。

如果你确定不想要这份工作，请立即告诉公司相关人员，以便公司可以将这个岗位提供给别人。如果你还在考虑的话，请立即联系该公司，不要等到你决定了再告知公司。与公司沟通时要积极热情，询问相关人员你是否可以有几天考虑的时间。权衡你当前工作的优缺点，询问新工作的薪酬并决定你是否想在这里继续干。以同样的方式权衡你收到录用通知的这份工作是否值得你接受？

联系最近面试过你但尚未给你录用通知的面试官。解释你的情况并询问他是否已做出决定。面试官至少能够告诉你，你是否在他们的考虑范围内。如果你接下来还有面试，理智思考你有多大胜算。

权衡这份录用通知对你的重要性。第一次面试就拿到的录用通知与多次尝试后最终取得的通知对你来说意义截然不同。

协商录用相关事宜

如果你喜欢这份工作但就录用合同中某些条款不太确定，那么这时你可以与公司谈判，看看是否可以改善该条款。只要保持礼貌和诙谐幽默，你就不会因为协商而丢掉这份工作。

你要考虑哪些事项对你来说比较重要，例如，你能接受的最低工资或工作时长。而哪些方面是你准备做出妥协的，比如承担额外的工作责任。仔细阅读职位描述。如果你有超出公司的要求，但是与工作相关的能力或资格——例如你电脑操作得好或掌握一门外语，这些可能是你与公司谈判的筹码。

了解公司的福利、公司为其他员工提供的服务、相同行业的其他公司提供的员工福利。你或许可以同公司协商你的育儿补助、汽车或出差津贴，工资、一部手机或一台笔记本电脑。你也可以协商工作条件，例如上下班时间。你也要准备在某些方面妥协。如果公司不能增加工资，那么你是否接受用更高的佣金、加班费或者定期进行薪酬审核来代替？

一旦你与公司达成双方都满意的协议，公司会向你发送正式的录用通知以及你开始上班的日期。在你正式接受有法律效力的书面协议之前，你要清楚每项条款。如果你要这样做，记得：在与这家公司签订白纸黑字协议的同时告知你的上一家雇主（你要离职了），告知你刚参加过面试的其他公司（你找到工作了），联系你要参加面试的公司取消预约。不要什么都不说，让这些公司的面试官猜测你为何没有出现。

最后，祝贺你找到了工作，希望你工作顺利。请你保存好这本书，以便它在你寻找下一份工作时对你有所帮助。

专家点评

你在找工作时要对该公司有所研究，包括公司的愿景、价值观和目标。我们公司不只是要招聘一些人来工作，我们更希望他们能融入公司，这意味着他们要了解公司的文化和环境。招聘是一项重大投资，我们希望员工能够与公司齐头并进，共同成长。

——黛比·麦克艾克，劳斯莱斯资源中心经理